藤原書店編集部＝編

後藤新平の「仕事」

後藤新平
GOTO SHIMPEI
の全仕事

藤原書店

後藤新平の「仕事」

目次

後藤新平の「仕事」

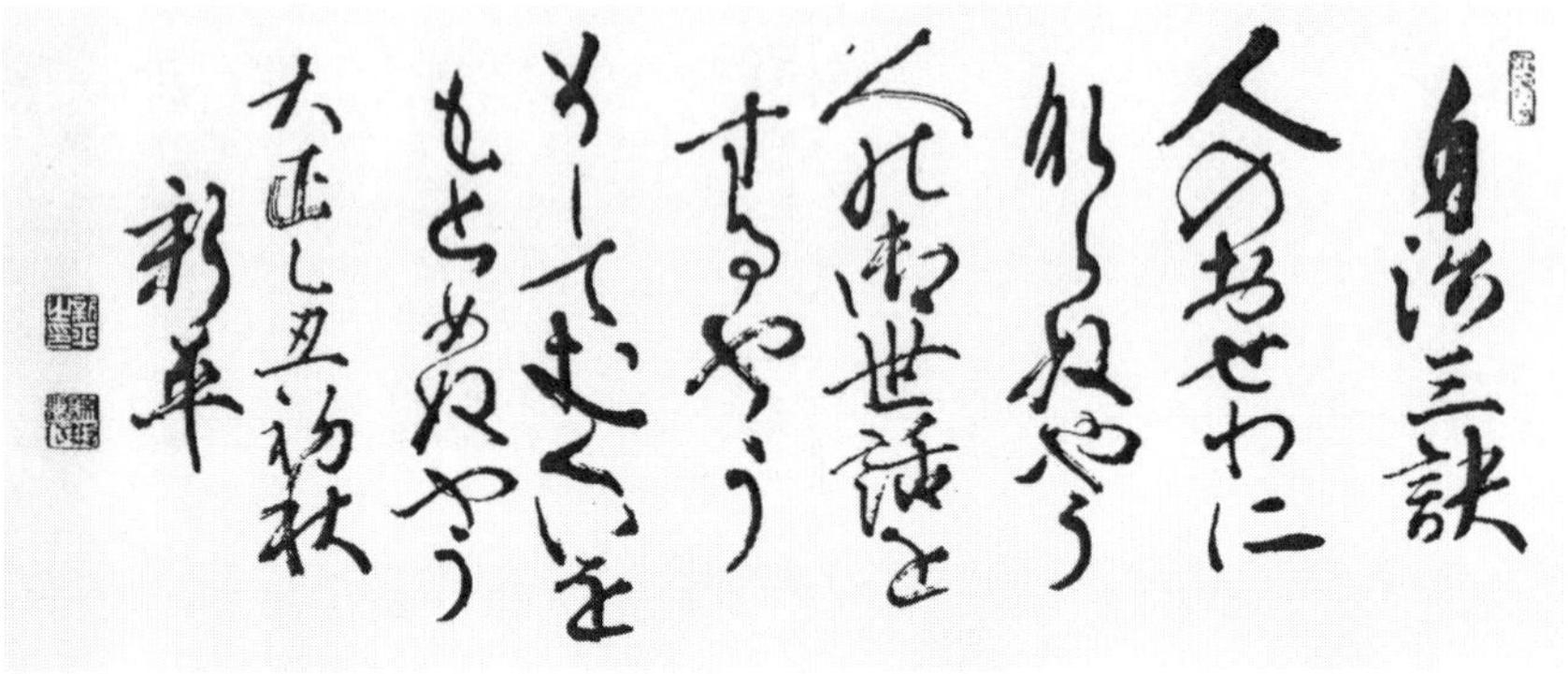

自治三訣

人のお世話にならぬよう
人のお世話をするよう
そしてむくいを求めぬよう

後藤新平

はじめに

幕末の東北・水沢に生まれ、明治から昭和に至る近代日本の激動期に、百年先の未来と世界全体という遠大な時空間を視野に収めながら、内政から外交まで幅広い業績を残した後藤新平（一八五七―一九二九）は、まさに世界を舞台に活躍した人物であった。

医者として出発し、生を衛（まも）るという立場から台湾、満洲の植民地経営において辣腕を振るい、閣僚としては鉄道・通信等の内政から、アジアの平和のための外交に奮闘、また東京市長および関東大震災後の帝都復興院総裁として、東京のあるべき姿を実現しようと尽力した。その高遠な視野から生まれたグランドデザインから、今われわれが汲み取るべきものは計り知れない。

しかし同時に、ボーイスカウトや東京放送局（現ＮＨＫ）の初代総裁を務め、また「政治の倫理化」を訴えて、二度の脳溢血の身を押して全国遊説を続けた晩年の姿を見るとき、そこには多岐にわたった後藤新平の仕事を根底で支えていたもの、すなわち、「自治」と「公共」の精神が結晶化しているといわざるをえない。そしてそれこそが、後藤の生誕から百五十年、明治維新以後百四十年の時を経たわれわれ自身に、今まさにつきつけられている問題ではないだろうか。

生誕百五十周年にあたる今年、生地・水沢や東京など縁の深い各地での「後藤新平展」をはじめとする記念事業や、「後藤新平の会」（東京・事務局藤原書店内）主催の二度のシンポジウム等、記念事業が多数準備されている。小社では二〇〇四年秋、生誕百五十周年を記念した「後藤新平の全仕事」の第一弾として、『時代の先覚者・後藤新平』（御厨貴編）を刊行、また『〈決定版〉正伝 後藤新平』（全八巻・別巻一、鶴見祐輔著、一海知義校訂）を発刊したが、本巻は昨七月に完結し、別巻『後藤新平大全』は来月刊行を予定している。この間寄せられた、後藤の「仕事」の全体像を鳥瞰できるコンパクトな一書が欲しいという、多くの読者からの声に応えて、本書を企画した。

第Ⅰ部「後藤新平の『仕事』」（御厨貴・青山佾）では、多岐にわたる後藤の業績と、それらの背後に一貫する後藤の思想を、お二人に語っていただいた。第Ⅱ部「後藤新平 最晩年の『仕事』」（一九二九年八月号『中央公論』収録）では、最晩年に至るまで尽きることなく湧き出た、後藤新平の驚くべき構想を紹介したい。第Ⅲ部「後藤新平」（星新一）では、一転して、稀代のストーリーテラー星新一の筆により、政財界の人的ネットワークのなかの後藤新平が描かれる。人間・後藤新平を知るうえではうってつけの一篇である。後藤新平の生涯を手短に頭に入れておきたいという方には、先に「〔附〕小伝 後藤新平」（沢田謙）に目を通されることをお勧めしたい。

後藤新平を既に知っている方にも、今回初めて後藤新平に触れる方にも、ぜひ本書を手にとっていただければ幸いである。

二〇〇七年四月

藤原書店編集部

I 後藤新平の「仕事」

御厨　貴
青山　佾

東京市長時代
（後藤新平記念館提供）

後藤新平 略年譜

一八五七年（安政4）、陸中国胆沢郡塩竈村（現・岩手県奥州市水沢区）に生まれ、藩校をへて福島の須賀川医学校卒。**一八八〇年**（明治13）、弱冠23歳で愛知県病院長兼愛知医学校長に。岐阜で遭難した板垣退助の治療に急行し大胆に治療、名を馳せる。**八三年**（明治16）内務省衛生局技師、**九〇年**（明治23）にドイツに留学、帰国後同局長。相馬事件連座で衛生局を辞すが、日清戦争後の大量の帰還兵の検疫を見事にこなし、衛生局長に復す。**九八年**（明治31）、総督児玉源太郎のもと台湾民政局長（のち民政長官）に抜擢され、植民地台湾の近代化に尽力、今日に至る台湾の基礎を築く。**一九〇六年**（明治39）、南満洲鉄道株式会社（満鉄）初代総裁に就任。広軌鉄道・雄大な都市計画・学術文化施設などの「文装的武備」と、新大陸アメリカに対して旧大陸ユーラシアが連繋する「新旧大陸対峙論」を二本柱に政策を実施する。**〇八年**（明治41）および**一二年**（大正元）より第二次・第三次桂太郎内閣の逓相兼鉄道院総裁となり、速達・内容証明郵便の開始、国鉄の電化推進、広軌化の発案など、今日に通ずる政策を展開。**一六年**（大正5）、寺内正毅内閣内相ついで外相を歴任。**二〇年**（大正9）東京市長に就任、腐敗した市政を改革、「東京改造八億円計画」を提起。支援者の安田善次郎の暗殺により中断するが、東京市政調査会を設立。在任中の二三年、ソ連極東代表ヨッフェを招聘し、日ソ国交回復に尽力。**二三年**（大正12）の関東大震災直後、第二次山本権兵衛内閣の内相兼帝都復興院総裁となり、東京復興三十億円計画を立案するが、周囲の無理解のなかで縮小を余儀なくされる。晩年は少年団日本連盟初代総裁、拓殖大学総長、東京放送局初代総裁を歴任、また普通選挙の実施に際して有権者の自覚を訴える「政治の倫理化」運動を起こし、老身を顧みず全国を遊説した。**一九二九年**（昭和4）、岡山での演説会に向かう車中で三度目の脳出血の発作に倒れ、京都にて死去。享年七十一。

1 時間・空間を超えた広大な視野

イデオロギーではなく「調査」が基本

——後藤新平は「先見性」と「広大なビジョン」を持ち、百年先を見通した「先駆的」な仕事をしていたといわれるわけですが、一体なぜそれが可能だったのでしょうか。後藤新平は水沢という、江戸からかなり離れたところの出身で、薩長にも属さなかった。政治家としてあの位置まで来るのは非常に大変なことだったと思います。たしかに岳父の安場保和をはじめとして色々な引き立て役がいたことで、あそこまで上れたということはあると思いますが……。

後藤新平の内務省衛生局時代（一八八三年）、二十六歳のときに、すでに科学的調査といって、長野などを回って調査をしています。★ その前に後藤は医者ですから衛生、「生を衛る」（まもる）ということでの仕事をやっているわけですが、一八八〇年代の初めに既にそういう徹底した調査をしていたというのは示唆的ですね。

★内務省衛生局に入った後藤新平の最初の仕事が明治十六年（一八八三）の地方巡視で、四月から六月にかけ新潟・長野・群馬のフィールドワークを行った。

御厨 後藤新平が薩長と非常に遠いところからスタートしているというのはそのとおりです。ただ、後藤は薩長など既成の大きな勢力に対してどういう位置取りをしたか。同じ東北の岩手からは、一歳違いで原敬が出ています。後藤は

★**児玉源太郎**（一八五二―一九〇六。写真右）は、日清戦後検疫に後藤を抜擢したのを始め、台湾総督として民政長官・後藤と二人三脚で台湾統治を成功させ、満鉄設立時には後藤に総裁就任を強く要請した直後に病没、それを「遺言」として後藤は満鉄初代総裁となった。

水沢藩（現岩手県奥州市水沢区）で、原は南部藩（岩手県盛岡市）でしたが、この二人を対比すると近代日本を考えるうえで非常に面白い視点が出てきます。いまの文脈で言うと、原敬の場合は、ものすごく薩長に対する対抗意識を持っていて、それでスタートをしたわけですね。それに対して後藤の場合は、不思議とその感覚があまりない。生まれついてのコスモポリタン的な要素が割と強く、そうであるがゆえに、彼は従来からの因習にとらわれない。従来からの因習にとらわれないということは、何か事を始めるに当たって、既にある考え方とか方向性に従うのではなくて、考え方や方向性を生み出すために、きちんと土台になるものを「調査」して、その現実からあるべきものをつくり出していく。

ですからいわゆる理論志向でもないし、最初からものすごく体系があってやるというわけでもない。その現実をどうくみ取っていくかというときに、やはり彼の場合、本当に国づくりや地域づくりに役立つものを、調査に基づいて選別していくということです。いま申し上げたように薩長に対してもそんなに劣等感はないし、敵対心をほかの人ほどもっていないという点がむしろプラスになります。だから、使えるものは何でも利用していこうとなるわけですね。後に児玉源太郎★であり桂太郎でありという人たちが後藤のパトロンになるのも、要するに彼の中にそういう敵対意識やそれを乗り越えようという意識がなくて、むしろパートナーシップを組んでやれるものは何でもやっていくという精神が

★調査項目は、飲食物、嗜好物、飲食用器の変化、衣服、夜具、家屋、清潔、身体の大小、体質の健否、気力厚薄、体力の強弱、長寿家の増減、老後の強弱、結婚の遅速、小児成育の良否、伝染病の増減、諸病の増減、公衆衛生法実施の効用、山林伐採の関係、泥瘴地の関係、草木菌類の有毒、売薬の需要の二十一項目。写真は衛生局長時代。

★長与専斎（一八三八—一九〇二）は内務省衛生局の初代局長。愛知県病院長として活躍していた後藤新平を内務省に招く。

あったからだ思います。

彼が衛生局時代から常に調査をやっていく場合に、それは「**科学的**」**調査**★ですね。つまりその調査というのは、何度も言いますけれども、理論によっているわけではなくて、科学、つまり本当に我々人間の理性によってきちんと理解できるものをそこに落とし込んでいくというやり方ですから、そこに宗教とか迷信とかそういうものはもちろんないわけです。科学の精神をもって、きちんとやっていく。そのことによって彼は、**衛生局長**としてほかの人とは非常に違う面を持ち得た。普通の衛生局長だったら、それは長与専斎★にしても誰でもそうですが、医学の立場に固執して、医者としてどう見るかという、いわば医学の世界に入り込んでしまうわけですが、彼の場合は医学であろうと何であろうと、それをいま言ったように国づくりや地域づくりのために使っていく。医学を使っても、その医学の中に閉じ込められない。むしろ調査をやっている間に、多分彼はいろいろ広く本を読み、様々な人から話を聞き、自ら積極的に動いているうちに、彼の持っている潜在的な力が、専門性に封じ込まれないで、逆にそれを突破していったと言えるのではないでしょうか。

調査に基づいた台湾統治政策

御厨　例えば一八九八年に**台湾の民政長官**になったときも、最初に「**旧慣調査**」を行なって、それに基づいて政策を立案しようとする。★普通、帝国主義時代の植民地政策というのは、まず母国の方が進んでいるという前提ですから、母国から持ってきたものを植民地に押しつける。それを使ってやれ、という上意下達になるんですけれども、それでは恐らく台湾の中に入っていけないということを本能的に彼は知っていた。だから旧慣調査なんです。そこにあるものが何であるかを見ない限りは、こちらからいくら新しいものを持ってこようが、それは絶対に中にきちんと入っていかないという確信めいたものが後藤にはあった。その点では、当時の帝国主義的進出ということの中で限定して言っても、いわゆるハードな戦術を彼はとらない。非常にソフトであって、まず人の言うことを聞くということである。もちろん聞きっ放しというわけではないですから、その旧慣調査では――彼の調査というのはディテールまで細かくやりますが――、逆にディテールに足をとられることもない。そのディテールから組み上げてきて、かなり大所高所論のところに向かって政策を出していくというやり方なんですね。だからそれはうまくいく場合とうまくいかない場合とありま

★台湾の統治は「生物学的原則」に従い、現地の「慣習を重んずる」方針でなされた。後藤の「ヒラメの目をタイの目にすることはできない」という言葉に、人々の「生理的円満」（後藤『国家衛生原理』）を重視した後藤の思想が現れている。

★既にアヘン中毒になっている者には薬品としてアヘンを供給したが、非中毒者が新たにアヘンを吸引することは厳禁した。

すけれども、台湾の場合にはうまくいったのではないでしょうか。

いわゆる**アヘン漸禁策**★にしても、アヘンを一挙に禁止するのではなくて、現実との妥協の中で少しずつ禁止にしていく。けれども貿易で使えるところは使いながらやるという。乱暴なことはせず、現実に合わせながら、しかしその現実をいい方に改良していくということをやっている。だから現実主義者であり、かつ理想主義者であるということが言えると思いますね。

――百年以上たった今も、台湾の「近代化の父」として台湾の民衆から尊敬されている面もあるということは、普通は考えられないですよね。

御厨　台湾のずっと昔からの歴史の中で、日本が支配した、後藤に始まる本当に数十年ですが、それが持っていた意味は、恐らく通常考えられている以上に台湾にとっては非常に適合的な政策だったといえるでしょうね。

官製エリートとの違い

――西欧の植民地政策にならったそれ以前の日本の台湾統治とは全く違うということですね。後藤の仕事には、「自治」と、徹底した「調査」という二つのベースがあって、いかなる政策をやるにしても、それを抜きにしてはないということですね。

それが後藤に限ってできたことなのか。その後、戦後もそうですが官僚出身といいますが政策がなかなか……。

御厨　出ないんですよ。それはどうしてかというと非常にはっきりしていて、その後の官僚たちは帝国大学出のエリートだから。帝国大学出のエリートというのは、既に統治の学問から何から全部基本的に帝国大学で学んで、その後はそれを実践しながら官僚として生きていくわけです。そこにはもう、ある種あらかじめ閉ざされた、広がりのない知恵しかないわけですね。ところが後藤の場合、そういういわゆる大学エリートではありませんから、そこに本人の目線の広さというものと、すべて自分自身でやっていくという、いわば自前の知恵というのがあって、それで広げていけたということがあるんですね。

――教育という点では、後藤はいわゆる官製の教育は受けておらず、主流ではないところで医学を学んで、その他のことは独学ですね。

御厨　一八九〇年の**ドイツ留学も、私費留学**★ですね。しかも彼は衆議院に出ないかと言われたのを断わって、自分は一衆議院議員なんかになるつもりはないと。自分はドイツに行ってヨーロッパの実情を見てこなければいけないというので、彼は自費で行くわけです。自費で行くという精神は、またそれははっきりしていて、現在だと何か官費保証でいった方が選抜されということで、いか

★衛生局技師在官のままの留学で、調査費として一千円は下付されたが、それは往復の船賃にあて、留学中の経費は自分の俸給と、借金とによった。留学中は、細菌研究の第一人者コッホのもとで、北里柴三郎と出会い、その後の親交の発端となった。留学時代の北里（右端）と後藤（左端）。

にもいいように見えますが、彼の基本的な精神から言うと、そういうのは自前で全部用意しなければいけない。そうでなかったら、本当に見るものを見てこられないという意地があったと思いますね。だから相当苦労して、彼は金を都合して行ったのだと思いますけれどね。

そこは官に頼らないということが、また立派なわけです。大体あのころはみんな洋行するというと、全部国から金をもらって行っていますからね。本当にそういう意味でも稀有な人でした。後藤自身、全然恵まれていたわけではないですから、それは一つ、自分自身を律する気持ちだったのだろうと思います。

富国強兵から「文装的武備論」へ

——一九〇六年に後藤新平は南満洲鉄道株式会社（満鉄）の初代総裁に就任します。そこで後藤新平が打ち出したのは、「文装的武備論」でした。

御厨　「**文装的武備論**★」というのは、先ほどから出ている、台湾での彼のソフトな政策のあり方の延長線上に出てくる話だと思います。

基本的に、明治日本のスローガンは、ずっと富国強兵だったわけですね。「富国」であり「強兵」であり、その強兵路線は、まずは「武装」で行く、「文弱」

★「文装的武備」は、後藤の著『国家衛生原理』における「平時衛生法」と「非常時衛生法」によって裏打ちされていた。「文装的」は前者、「武備」は後者にあたり、いずれも「生を衛る」、つまり「衛生」の原理がつらぬかれていた。写真は満鉄総裁就任時の後藤。

であってはならない、という基本的な発想があった。だけどそれは、もう日露戦争でひとまず終わったのではないかという意識が後藤にはあったんだと思います。だから日露戦争後の日本は、後藤にとってみれば、これからまた新しい開拓ないしは新しいやり方で動かしていかなければいけない日本であると。つまり、日露戦争で一応事が終わって、多くの人間はみんな呆然とするわけですね。「ここまで来た」と。次にどうしたらいいかと一息ついているときに、やはり後藤はそういうときに知恵が出る人ですから。そうすると、もちろん武備充実は図らなければいけないけれども、そこでやはり対外関係をいろいろな形でソフトランディングできるように細かい政策をきちんと、まさに「文」の方でまかなっていかなければいけない。「文装的武備」というのは、そういう理論ですね。

――武力による戦争ではなくてむしろ対話による外交を重視した、と。

御厨　**平和的な対話で外交を**やる、それこそが知恵だということですね。だから武装ではなくて、まさに装備すべきは「文装」であると。外交なり説得なり、そういうことでやっていかなければいけないというのが基本的な彼の発想だった。

頭のなかの地球儀

—— 一九〇七年には、伊藤博文との三日三晩にわたる「厳島夜話」という有名な逸話が伝えられています。そこでは「新旧大陸対峙論★」という構想で伊藤を説き伏せた。

御厨 伊藤はやはり元々シビリアンですから、説く相手も間違えていないのです。これは、軍人にいくら言っても無理です。やはりこれから韓国に行くであろう伊藤に焦点を当てて説得をしようとしたというところが、僕は一つのおもしろさだったと思いますね。

—— 一九〇二年の欧米視察でアメリカという大国を見てきて、わずか五年たつかたたないかのうちに「新旧大陸対峙論」、ユーラシアと新大陸を対峙させる発想を持った。

御厨 **「新旧大陸対峙論」**は奇抜な発想ですね。やはり、彼の頭の中には「地球儀」があるんですよ。普通の人だったら平面で見ているけれども、彼は立体で見ている。彼はその前にドイツに行っているわけですが、アメリカを見て、やはりこれは違う、と。何か新しい胎動がある。しかも、彼が見てきているのは

★ドイツ人エミール・シャルク著『諸民族の競争』の、フランスとドイツが同盟を結び新大陸（アメリカ）と対峙すべしという主張を読んだ後藤が、独自に考え出した、発展しつつある新大陸に対してユーラシア旧大陸が手を結んで対峙せよという構想。

ちょうどセオドア・ルーズベルトのアメリカですから。セオドア・ルーズベルトというのはご承知のように、今でもアメリカでは一番好かれている大統領の一人ですが、その彼のやり方を見て、アメリカはこれから何か大きな一つの文明をつくっていくものであると彼は認識したのだと思いますね。実際後藤は、アメリカで「日本のルーズベルト」とも言われていた。

――『ニューヨーク・タイムズ』紙の後藤の死亡記事にも出ていましたね。とにかく、これから対話外交が大事であり、ユーラシア大陸という旧大陸とアメリカという新しい大陸とが、けんかするのではなくて対峙するのだ、と。

御厨 だから、かなりの大きさの両方の陸地があって、それぞれに文明を持っているなかで、どうやって相互に対話をしていくか、という視点の持ち方ですね。先ほど言ったように、彼は地球儀でものを考えている。地球儀でものを考えれば、当然日本の位置取りももちろん重要になってくるけれども、しかしほかの人たちが考えるようにまず日本があってと考えるのではなくて、全体があったときにどうなっているかと発想する。つまり彼の場合、外から内を考えていくというタイプですから、そこがほかの人と全く違う。それで日本のあり方をそこから見ていこうとする。世界の全体の広がりの中で見て、それからまた日本から見て、そういう一種の複眼的な思考★ができる。

★『政治の倫理化』(大正十五年)のなかでは、
一、日本の日本……我を知る
二、世界の日本……彼を知る
三、日本の世界……我を知らしめる
と述べている。

国境を越えた思考

——当時、国民国家同士の争いが行なわれているわけですが、そのときの世界の平和を考えたときに、「文装的武備」であれ「新旧大陸対峙論」であれ、後藤の発想では、国境を越えた、「越境」的なものを感じます。

御厨　一九〇九年か一〇年ぐらいにドイツの**ハンザ同盟**★に注目して、『ハンザ同盟大綱』を彼が訳したりしている。また一八九〇年代にドイツに留学したときには、**ビスマルクの外交術**も学んでいる。ドイツというのは小さな国が集まった国家ですから、国境を越える発想があるわけですね。

彼がやってきた政策は一部、後進の帝国主義的な政策ではあったけれども、やはり**帝国主義国家を乗り越えたかったん**でしょうね。「新旧大陸対峙論」と言ったときに、そこにあるのはユーラシアとアメリカですよね。そこでアメリカ「合衆国」と言っているわけではないし、ドイツと言っているわけではないんです。つまり、既に国境を越えた存在として陸地があって、その陸地の間に広い海があって。だから、要するに大陸と海洋とをどう結びつけていくかという、かなり開放的な発想をもっていた。いま越境とおっしゃったけれどもまさ

★ドイツ・ハンザ同盟はヴィルヘルム二世帝政下の一九〇九年六月十二日に結成され、その政綱が同年十月四日に決議された。政綱を中心に作成されたパンフレット「独国ハンザ同盟大要」を後藤はさっそく取り寄せて翻訳、自ら序文と、中世ハンザ同盟の大要を付記し、また日本の政社法についても言及した。

満鉄総裁時代
（東京市政調査会提供）

にそのとおりで、国境というものをとりあえず取っ払ってみて、何ができるかを考える。その視点が、多分ほかの仕事にも全部つながってきています。

2 「公共」を具現化した業績

「公共の精神」の発揮

——そこでお聞きしたいのは、彼の「公共」とは何かということです。国民国家も結局ひとつの「私」であって、国境を越えない。横井小楠★から安場保和★を通じて後藤新平が学んだ「公共」ということから考えないと、これからの針路は描けないのではないかということを、後藤はこのとき既に考えていたのではないか。

後藤の内政における仕事をみると、資本主義が高度化するなかで必ず重要になってくる「交通」「医療」「教育」という三つの「公共」的なものを全て行なっていますね。

御厨　後藤は一九〇八年の**第二次桂太郎内閣で逓信大臣兼鉄道院初代総裁**になりますが、そこでやろうとしたことは、単に鉄道を引くということではなく、その裏に、公共精神の発揮というものがあった。しかもそれは国境を越えて世

★幕末の思想家・横井小楠（一八〇九—六九）は『国是三論』（万延元年）のなかで、「大いに言路を開きて天下に公共の政をなせ」と主張した。安場保和は小楠門下の四天王の一人。

★安場保和（一八三五—一八九九）。胆沢県に大参事として赴任の折、後藤の将来性を見抜き、学僕に取り立てる。

★それまでの日本の鉄道は軌条幅が三フィート六インチの狭軌であり、後藤はこれを四フィート八インチ半の広軌に改築すべしと説いた。写真は十河信二。

★伴食大臣は実権・実力の伴わない大臣のことで、当時、逓信大臣という地位はそう見られていた。

界に広がっていくということですから、彼はやはり日本の鉄道は広軌でなければいけないと思ったわけですね。後藤新平が唱えた**広軌改築論**★は、政策論争としては敗北して、その実現は、鉄道院や帝都復興院で後藤新平の薫陶を受けた十河信二（第四代国鉄総裁）による、**戦後の東海道新幹線開通**まで待たなければなりません。しかし、後藤にとって、本当に広軌が日本にとって必要であるかどうかというよりは、精神において広軌の精神でなければいけないわけです。それが、世界に広がっていくことだから。だから、日本国内の利益だけのことを考えて、あるいはもっと狭く地方利益だけを考えて、原敬のような狭軌の路線で行くということは、彼にとってはやはり許しがたいことであった。それはどちらが可能性があるのかという次元ではなく、彼にとっては、それが公共性への広がりをもつ限り、何よりも優先されなくてはならないのです。つまり一地方の利益とか何とかだけにとらわれた、いわゆる「我田引鉄」といわれるような話とは全く無縁の発想だと思います。

それから逓信大臣として赤い郵便ポストを発明するというのもそうですし、とにかく通信、運輸といったものによって国が進歩していくことは、まさに公共性の広がりにつながっていくと彼は思っていた。逓信大臣兼鉄道院総裁というポストは、ほかの人にとってはどうか知らないけれども、彼にとっては決して伴食大臣★ではないんですよ。そこは、いま言ったように国境を越えた広がりと文明まで考えられるポストなわけです。だから彼は桂内閣のときに、あの地位を好んで務めたのだと思いますね。

――当時の周りの人たちは、それを理解できなかったということでしょうね。

御厨　理解できない。というのは、当時の人に対して後藤はそういうことを説得的に説明していませんからね。だから逆に今日、我々が後藤についてこういうふうに議論できるよさでもありますが。

政党政治をなぜ批判したか

御厨　そこから、では彼がどうして**政党政治を否定**したかという話とつながってくるんですね。政党政治というのは、薩長の側から見れば、あれは薩長藩閥に対抗する「私」的な党であり、個別利益しか反映していない。その政党に国政を任せられるかという見方が薩長の側にはある。後藤は後藤で、いま言ったように全体的な公共の精神とか、全体的な文明の利益の推進から考えたときに、やはり政党は最終的には容認できるものではなかったということですね。そこを後藤はきちんと説明していないけれども、しかし敷衍して説明していくとそういう話になる。だから一時期、パトロンの桂太郎についていくというかたち

★大正二年（一九一三）一月二十日、第三次桂内閣の末期、桂新党構想が打ち立てられるが、桂の死後、後藤は脱党する。写真は桂太郎（一八四八―一九一三）。

★昭和元年（一九二六）四月二十日、青山会館で「政治の倫理化」運動の第一声を挙げる。普通選挙の実施を前に、政党による政治腐敗の批判と、国民一人々々の自覚を説く。

で、彼は桂新党（立憲同志会★）に参画するけれども、桂の死を契機として、その後はずっと一貫して彼は政党否定という立場をとる。そして政党否定のあげくに「**政治の倫理化**★」にまで、いわば行きつくところまで行くのには、そういう問題が背景について回っていると思いますね。しかも、後藤が構想する新党というのは、いわゆるそれまでの政党とは異なるもので、もっと全体をガバーンするような組織ですからね。ですから桂が死んで、新党構想がそういうものでなくなったときに、彼は違う立場に立つわけです。

ところが、ここで後藤は、政友会のみならず、憲政会をも敵にまわしてしまう。そこから後藤についてのこれまでの不当に低い評価が出てくるわけです。日本の場合はその後、政党政治が伸びていくということになりますから、政党政治を「完成」させた原敬が評価され、そしてその原を擁護していた西園寺公望が評価される。この原と西園寺は、後藤のことをものすごく嫌っていましたから、そうすると、政党政治の路線で行くことによって後藤は基本的に排除されるわけですね。

今やはり我々にとっての今日的な課題を言うならば、政党政治がこれだけ行き詰っているときに「**公共の精神**」をどうやってとり戻すのか、「**文明の利益**」みたいなものをどうやってみんなで考えていくのか、に尽きると思います。そのときに「国境を越える」というのは非常に示唆的で、もちろん国境はあるけ

れども、国境がなかったとしたらという、ある種の発想の転換みたいなものがいま必要になっています。★

――最近でも、例えば東シナ海の共同開発とかシベリアの油田の共同開発といったことが言われています。

御厨　だからそれはもう、後藤の頭の中にはとっくにあったはずです。彼が最晩年まで北方との関係ということで、ロシア／ソ連との関係を続けていくというのはそれですね。**日露の漁業交渉**もやりますし、最後は、本当に**死ぬ間際にスターリンと会って交渉**している。

地域エゴを超えた鉄道政策

――もう少し「公共」について話を続けます。先ほど「交通」「医療」「教育」とありましたが、交通に関しては、後藤はまず鉄道ですよね。

御厨　まず鉄道ですね。台湾でも鉄道に力を入れましたが、**満鉄の初代総裁**に一九〇六年に就任して、二代総裁の中村是公も後藤の薫陶を受けていますから、満鉄の初期七年★ぐらいは後藤新平が築いたものということになるでしょう。満

★後藤は隣国と自国との間に、両国人の共棲する時空を考えていた。

★後藤は、満鉄総裁を辞任し、第二次桂内閣の逓信大臣となったが、逓信省管轄下に鉄道院を設け（満鉄は鉄道院の所管とする）、その初代総裁も兼任した。

★東京駅（写真）は一九〇八年に着工、一九一四年十二月十八日に落成。十二月二十日から営業を開始した。皇居を意識した国家的造営であった。

鉄総裁としての仕事は、もちろん**鉄道経営**ということですが、満鉄の中では鉄道を中心とした**沿線地域の発展**も考えていますね。

国内での後藤の鉄道政策は、とにかく**幹線重視型**で、地方線はいいと。地方線より、とにかく先に幹線の鉄道を**広軌化して大量輸送**ができるようにするということを彼は考えました。それから同時に彼が重要視したのは、**駅舎**ですね。駅舎を地域になじむものにしてつくっていくということがあった。これも既に彼は台湾でやっていたわけですが、台湾でやっていたことを、国内に持ち込んできます。だから台湾では、今でも「弁当、弁当」と言って売っているといいます。ああいう細かいことまで結構配慮している。

一番大きいのは**東京駅**★ですね。後藤新平の鶴の一声で、辰野金吾に命じて東京駅をつくらせた。東京駅というのは、首都の中心となるターミナル駅ですから、それを象徴するような建物でなければいけないということでつくっていくんですね。

つまり、台湾のときの仕事もそうですが、彼には**都市をデザインするという発想**がある。その都市のデザインの中心に、鉄道やその駅を置くということですから、そこに人は必然的に集まってくるわけです。だいたい日本人の発想では、あまりそういうものに金を使って立派なものをつくるという発想はないし、そういうことで都市をデザインするという発想も普通ないんですよ。それを持っ

★後藤は、都市研究会（一九一七年発足）の会長に就任し、一九一九年制定の旧都市計画法の普及に尽力した。

★鉄道院総裁時代に出雲大社に参拝し、鉄道の必要を感じた後藤の一声で、一九一二年国鉄大社線が敷設された。後藤は出雲大社から離れた位置に駅を設置し、そのため駅前から鳥居前への道沿いに町が栄えた。写真は保存されている大社駅とその構内。

ていた★という点で、やはり彼は政治家としては稀有の存在ですね。

――それは、欧米視察などを通じて身につけたのでしょうか。

御厨　だと思います。それは文明の一つの象徴みたいなものですから、それを彼はとり入れたのです。この間ある雑誌を見ていたら、出雲大社のある**旧大社駅**★も後藤新平が作らせたそうですね。出雲大社の駅のあの不思議なつくりなんていうのは……。

――縁結びの神ですから、みんな結婚してあの出雲大社に行くと、あの駅があるわけですね。

御厨　しかも、駅の配置が大問題になったんですよ。どこにつくるかということで、地元が真っ二つに分かれたけれども、二つの候補地の中間ではなくて、その二点を頂点とした正三角形を描いて、その三つ目の頂点につくったという。そういう点で言うと、やはり彼は「足して二で割る」タイプの政治家ではないということですよ。足して二で割るのだったら、絶対に二箇所の中間点につくったに違いない。そこを外して、全然違う発想でつくった。正三角形なんて、だれも考えませんよ。それが彼の独自の発想であって、それでみんなあっとあっけにとられて、それで話が決まったのだと思いますけれどね。だからそういう

★現在でも肥薩線（鹿児島県吉松駅―熊本県人吉駅の間）を「しんぺい号」というディーゼル車が運行している。難所の多いこの区間の開業当時の鉄道院総裁・後藤の名にちなむ。

発想です。日本人によくあるような発想は、彼からは出てこない。地域を見ていながら、地域を越えた発想がある。

これも今日非常に必要とされていることですよ。地域エゴをどう超えるかということです。大概はみんな、足して二で割って、真ん中に持ってきてしまう。後藤はそうでないということですからね。

——その大社線ですが、最近は参拝客も少なくなって、残念ながら一九九〇年に大社線そのものは廃止されたそうです。だから何とかそういうものは残さなければいけないし、そこから後藤新平を継ぐ発想も出さなければいけないですね。

御厨　逆に言うと後藤のいま言ったような話を、もう少し地域に知ってもらわないといけないですね。★だから、後藤を再生させていくことは、地域の知恵を再発見することにもつながっていく。地域に貢献していながら、実はそういう**地域を越えた発想**で行なった仕事を言わなければならない。そこでもう一度勇気を出して、では次に地域を越える発想をどうやって出すのかというのは、これは二十一世紀の人たちの仕事ですからね。

現世利益にとらわれない道路・通信政策

――道路に関しては、彼は東京市長のときに環状道路とか百メートル道路とか言われる計画を打ち出していますが、あれもすごい発想ですね。

御厨　あれも多分、彼はパリとかベルリンを見て、**首都には環状道路が絶対必要**だと思ったわけですね。放射道路だけではない、環状に回さなかったら、絶対だめだと。あれもですから、まさに都市をデザインするという発想がそこにある話であって、地域を越えているわけですよ。

――百年前の時代において、百メートル道路という発想は、普通の人間ではちょっとありえませんね。

御厨　そう思いますよ。政治家がふつう考えているのは、自分のときにどう実現するかということですけれども、多分後藤の発想には、自分が死んで何世代かしたときに実ればいいというぐらいの射程距離の長さがあると思うんですね。悲しいことに、日本の近代を指導した薩長にも、それから後に出てきた政党政治の連中にもそういう発想はない。今どう実現するか、「現世利益」ですから。

要するに票集めのためには現世利益でなければだめですから。だけど、後藤はそれを考えていなかった。現世利益ではなくて、その先でどうなるかということを考えている。だから、彼は政党政治では実現できないと思ったわけですよ。政党政治では、しょせん現世利益だから。

例えば電信電話でいえば、例えば**郵便ポストは赤い**わけですが、あれも彼の発想ですからね。★それまで木製の黒い郵便ポストだったものを、円筒形の赤い金属製のものに変えさせた。あと**速達**とか**内容証明**といった、いろいろな種類の郵便のしくみを考え出しています。

今では**電話**で当たり前になっていますけれども、**度数制**★も当時はなかった。ところが新聞社が使い過ぎるので、新聞社と一般の民間とが同じだと問題だということで度数制を考えたといいます。これは今の情報化社会を考える上でもものすごく先見的なことではないか。

しかも、こういうことができるだろう、ああいうことができるだろうという先見的な発想を、彼は非常におもしろがってやったんですね。これが違うんですよ、ほかの人と。ほかの人は、みんなすぐ現世利益と結びつけて考えるけれども、彼はおもしろがってやるんですよ。それが百年の後に認められればいいという感じですから、そこがいいですね。

★赤い円筒形の鉄製のポストが全国に出現したのは一九〇八年である。

★電話度数制案は、後藤が明治四十二年度（一九〇九）予算に組み込ませたが、六大都市の新聞社・通信社の猛反対により、明治四十二年度議会で否決された。実現されるのは大正九年（一九二〇）である。

水力発電の先駆者

御厨　もう一つ、逓信大臣として彼がやった仕事の中で大きいのは、**水力発電**★です。これは大きい。江戸時代までの河川は、船で行くための交通路だったのが、それが絶えて以後は、川というのは氾濫するもので、氾濫するのを抑えるためにいわゆる治水事業をするという概念しかなかった。そこに後藤は、川の勢いを使って発電ができるのだったらむしろその川を生かせるじゃないかと。そういうことで、そんな大きなダムではないですけれどもいたるところで水力発電をやろうというのを、彼は逓信大臣のときに推進するんですよ。これもやはり、なかなかない発想です。単なる治水だけではなくて川をもっと有効に使おうと。後にこれはもっと大きなダムの発想になっていくんだけれども、当時は中小の河川であっても、そういった発電のダムをつくればそれぞれ役に立った。この水力発電を推進していくというのも、やはりある種の公共の精神ですからね。それまでは電気といえば石炭火力だったわけですが、それを、自然の水の流れを使って行なった。日本が水力発電で割と世界に遅れをとらなかったのは、後藤のおかげですよ。後藤が、日本の自然というのは川があるんだから、水路があるのだからそれを使ってという発想をもった。

★後藤は台湾時代にも大規模な水力工事を施行した経験があり、内地においても水力発電調査のための調査局を逓信省内に設け、その調査費をかろうじて議会で通過させ、日本中に測量調査を実施させた。その結果が、のちの電力事業の発達の基礎となった。

しかし結局、彼がいろいろと一生懸命やって電力を開拓するけれども、これもまたご承知のように政党政治の弊害で、政党に売られていくわけですね。当時は民政党系の電気会社と政友会系の電気会社があって、それぞれが安売りをして私の方を買いなさいという話になるわけですね。だから、せっかく彼がやろうとしたことが、政党の利益によってくつがえされていくということが、ある程度見えてくるわけです。だから、後藤からすれば、ますます政党はだめだとなっていくわけですよ。だって電気というのは、まさに公共でしょう。みんなの公共の福祉のために使われるべきものが、どうして政党によって売られていくのか。そういう葛藤の中で、後藤は仕事をしたということですね。

放送の公共性

——後藤新平はＮＨＫの前身である**東京放送局の初代総裁**を務めていますね。

御厨　当時ラジオは「無線放送」と呼ばれていましたが、**無線放送を開始**★するときの演説「無線放送に対する予が抱負」（一九二五年）で、やはり「公共性」ということを非常に重要視した発言をしています。その「公共性」が、今どうなっているのかということですね。「**放送の社会的役割**」ということを彼は言っ

★大正十三年（一九二四）十月十六日、社団法人東京放送局が設立され、後藤が初代総裁となった。翌年三月二十二日に仮放送を開始、そのときの演説が下記のものである。後藤は放送事業の職能として、文化の機会均等、家庭生活の革新、教育の社会化、経済機能の敏活ということを発言した。さらに後藤は、満洲・北支を圏内とする東洋大放送局の構想も考えていた。尚、本放送開始は同年七月十二日である。

た。電力についても彼はそうだったわけですが、放送についてもそうだった。ところが電力については先ほども言ったように、早くも政党政治に蹴散らされた。放送の場合は、戦後どうなったかといえば、放送の許認可権を握っている郵政大臣としてこれを利益政治に使ったのが田中角栄です。田中角栄は郵政大臣のときにあの許認可権を使って、それ以来郵政は全部田中派のものになった。だから公共性もへったくれもないわけです、そこから後は。田中角栄というのは、逆にいえば目のつけどころがいいんですよ。

しかしそういう意味では、後藤自身もやはりそこを考えていたはずで、彼が東京放送局の総裁になったのは、もちろんめずらしいもの好きということもあるけれども、将来これが発展していったときに、自分がその総裁か何かをやっていないと、またこれはいろいろな私的利益のために利用されるということを、考えていたと思いますね。

「衛生」の思想が私益を超える

――二つ目の「医療」の面ですが、後藤新平から見れば、医療というより「衛生」、「生を衛る（まもる）」という概念が非常に大事ではないかと思います。

東京放送局初代総裁
（後藤新平記念館提供）

★明治二十八年(一八九五)四月一日、臨時陸軍検疫部事務官長となった後藤は、上司の部長児玉源太郎の信頼下に四月から八月にわたる一大検疫事業を遂行、その報告書の英訳を読んだドイツ皇帝が感嘆したという。写真は似島の検疫所。

御厨　そう。後藤新平の本当に若いときの作品に、**日本で最初の海水浴啓蒙書ともいえる『海水功用論』**(一八八二年)というものがあります。愛知県病院長だった後藤が、愛知の海浜の調査を行なって、海水浴の効用を説いたものですが、まさに衛生、「**生を衛る**」というところから海水浴を勧めている。現代の我々から見れば、海水浴は単なるレジャーのような感じですが、それまで日本では海水浴という概念がなかったわけですね。

――医療というと、個人の健康みたいに思いますが、「生を衛る」という観点に立った後藤の衛生という概念は、まさに公共に通じるわけですね。

御厨　単に衛生というと、引き合いに出されるのが森鷗外で、森鷗外には脚気の研究などありますけれども、でも彼の研究はあくまでも軍事という視点からの研究ですね。だけど、後藤の場合はやはりそれを超えて、まず一人の人間の生を衛るという発想から来ている。そういうことで言えば、より概念としては広いわけですね。軍事のために役に立つとかというのではなくて、どうやってその人間の生を衛って生かしていくかという観点ですから。

――さらに、伝染病とか感染症とか、社会的な影響の大きいものに対しても後藤は先駆的な仕事をしているのではないでしょうか。

★明治二十六年（一八九三）年芝愛宕下町に伝染病研究所（写真）を建設することになり、猛烈な反対運動が起こったが、後藤衛生局長は万難を排して推進させ、翌年二月七日に工事は完成した。

御厨　後藤が児玉源太郎から与えられた重要な仕事ですが、**日清戦争の後の復員兵の検疫事業**★があります。これも当初予定していた期間の半分か三分の一ぐらいの時間で、復員兵に全部検疫をやった。

また、ドイツ留学時代に親しくなった**北里柴三郎の伝染病研究所**★をつくる後ろ盾になったりもしている。元々医者ということもありますが、感染症対策にも重要な仕事をしている。つまり**社会衛生**なんです。社会衛生というのは、まさに公共なんですね。だからそういう意味では、医療というのは割と目につきにくい話だけれども、社会衛生的な観点から彼はいろいろな制度づくりというか、そういうのをやったと思いますね。だからそれが、例えば社会福祉の事業にもつながっていくわけです。

結局、彼は衛生局長の時代にも、医者の利益を守ろうとはしなかった。多くの衛生局の人間は医者との関連が強いですから、そうすると医者というプロフェッショナル集団との関係でしか考えないけれども、彼はやはり社会との関係で考えた。それは大きいですね。

タテ社会をヨコに切る人材登用

御厨　そういう発想の人ですから、**人材の登用**の仕方も普通と違っている。普

★新渡戸稲造（中央右）と後藤新平。新渡戸は一九〇一年、アメリカで病気療養中のところ後藤に招かれ、り台湾総督府に招かれ、糖業政策を推進。後年は後藤の欧米視察に同伴して練達した語学を駆使。

通に仕事をしてきた帝国大学卒のエリートでは彼の発想はわからない。そうすると後藤は、いろいろな部署でおもしろいことをやっている人間の存在を聞きつけては、それをぱっと登用していく。自分はこういうことをやりたいと後藤は宣言して、それを下の者にさせるという。だから彼の教育というのは、**実地教育**だと思いますね。もう既成の教育で上がってきてがちがちになったやつは、使いものにならないから使わない。

——台湾時代だと新渡戸稲造★をアメリカから引っ張ってくるとか、京都帝大教授の岡松参太郎を抜擢するとか、もう本当に奇抜な発想で人材を登用しますね。

御厨　当時、日本がタテ社会になっていたところを、ヨコで切って持ってくるという発想ですから。これは、今でも必要です。タテになっているところを、ヨコで切ってどれだけ持ってこられるか。しかも彼の場合は、後藤の人事といわれるけれども、いわゆるコネではないんですよ。コネというのはその人間をよく知っていて、あいつを登用してやろうというのがコネ人事。彼の場合はその人物を知らなくても、こういうことをやっていた男だなとか何とか、ぴんとくるわけですね。ぴんときたら、それをもう不見点（みずてん）で登用したりするわけですよ。それで、会ってみてこれをやれという。だから失敗もあるけれども、しかしそれでうまくいけばものすごくうまくいく、と。人材登用というのは、本来そういうものかもしれない。しかしそれはやはり、登用する側の人間が大きくないとできないことです。

そういう人材の登用の仕方をすると、日本はもっともっと活性化するでしょう。今、いろいろなところで、組織がみんな窒息している。窒息死しないようにするためには、そういうタテに対してヨコの登用をしないとだめです。これも、ですから、後藤を今に生かすことの一つだと思いますね。

教育者・後藤新平

――それは、三つ目の「教育」につながっているわけですね。

御厨　教育といったときに、彼の頭の中には旧帝国大学といった発想は全くなくて、恐らく既成の大学体系ではつくり得ない人材をつくりたかったのではないでしょうか。彼が**初代総裁を務めた少年団日本連盟**（現在のボーイスカウト）がまさにそうですが、これは小学生や中学生からずっと「**自治三訣**★」を教えながら育っていく一つの集団ですね。それから満洲にいたときには、**満洲医科大学**★や**ハルビン学院**★もつくりますよね。これはもう実務家養成ですけれども、地域に根差してきちんと勉強する人たちを育てていく、人材養成をやっていた。

★自治三訣「人のお世話にならぬよう、人のお世話をするよう、そして酬いをもとめぬよう」。

★明治四十四年（一九一一）、奉天に南満医学堂を設立。大正十一年、満洲医科大学となる。

★大正八年（一九一九）二月二十日、後藤はハルビン日露協会学校（のちのハルビン学院）創立委員長となる。

少年団に見送られる後藤新平
（後藤新平記念館提供）

ハルビン学院は、元は日露協会学校で、ロシア語教育ですね。ロシアとどうつき合うかということで、そのためにはロシア語ができる人間を育てなければいかんと。

だからある意味で言うと、いわゆる**満鉄調査部**★だって、研究機関であると同時に巨大な教育機関ですよ。つまり満洲について徹底的に研究させることによってその人間を育てていくという意味では、教育なんですね。あそこから育って戦後の日本でも活躍した人がいたのは当たり前であって、それは全部つながると思います。

あと、いま生涯教育といって「市民大学」とか「カルチャーセンター」みたいなものがありますが、彼は「**通俗大学**★」という名前で、軽井沢や木崎湖畔に市民大学の前身もつくっている。つまり市民に開かれた大学です。これはもっと上の年齢層について教育をすると。

それから、これは象徴的なことですが、晩年に彼は綾瀬のあたりに自分の私費で三万坪を買って、結果的には三〇万坪を手に入れて「**明倫大学**★」という大学を作ろうとした。アジア諸国から先生も学生も呼んで、**アジアに開かれた大学**を作ろうとしたわけです。最後にそうした大学を彼が構想したというのは、そうした彼の教育観の着地点なんです。

ここにぽっかりと抜けているのが何かといったら「帝国大学」的教育体系で

★一九〇六年の満鉄創立の翌〇七年四月に設立。ロシア革命や満洲事変を経て活発化。

★「学俗接近」を唱えていた後藤新平は、一九一四、五年頃、通俗大学会を設立（総裁・後藤、会長・新渡戸稲造）。大正五年（一九一六）十二月、信州財界人に通俗大学設立の寄付を呼びかけ、翌年一月、財団法人信濃通俗大学を設立。木崎湖畔で開催される信濃木崎夏期大学は現在も継続されている。

★昭和二年（一九二七）十月十七日、明倫大学設立に関して地元有志が敷地三〇万坪提供の調印書を後藤のもとに持参した。

「明倫大学」の敷地（上。斉藤安彦家提供）と，敷地を検討する際の後藤新平（下。武藤耕一郎氏提供）

★大正十二年（一九二三）九月二十九日就任。第二次山本内閣内相を兼ねる。写真は震災内閣親任式。

す。すべて帝国大学外のところで人を育てようという発想ですからね。「文部省立大学」ではだめだと。しかも最終的なところで、アジアに開かれた大学を全部**私財を投げ打ってやろう**というわけです。教育というのは本当にやろうと思ったら私財を投げ打って自分の力でやらなければだめだということを、彼は身をもって示そうとしたんです。結局その前に後藤は亡くなってしまいますけれどね。そうしたところにも、今日的な意味があると思います。人材がいないのではなくて、人材を育てる気持ちがないんですよ。

——人材はつくるものなんですね。つくるというのは、そのための「場」をつくる。

御厨　そう、場をつくるということです。教育というのは一朝一夕になるわけがないですから、これも射程距離の長い話です。だから後藤新平は、最晩年の方が幸せだったのかもしれません。そういうところに行き着いたわけですから。

——発想の射程が、既成のものからは想像のつかないスケールですね。

御厨　彼がうまくいくのは、全部既成の制度外でやったときです。既成の制度があったとしても自分のやり方でやり通せる、といってやったところでは、必ず成功する。彼が失敗するのは、既成の制度の中でやらなくてはいけないとき。だから、**帝都復興院総裁**★としてはあまりうまくいかなかった。あれはどうしてかというと、帝国議会で政友会と闘う中で予算を削られていくということがあったからです。しかも彼の議論では、政友会とか何かというのは説得できない。「そんな大きな道路に何で金を使うの」と言われてしまう。

――それはそうだ。言ってもわからないわけですから。押しつぶされていますよね。

御厨　あそこではうまくいかない。それでも、最近評価されているみたいに昭和通りをつくったりしていますからね。

3　現代に生きる後藤新平の都市づくり

人々に愛される公園

――その都市づくりについて、青山さんに少し詳しくお話しいただきたいと思います。

青山　後藤新平の業績は「都市づくり」「行政改革」「人材育成」の三本柱で考えられると思いますが、まず「都市づくり」のなかでは、やはり**関東大震災（一九二三年）の復興**ですね。

帝都復興院総裁時代の後藤新平
（後藤新平記念館提供）

★後藤の震災復興計画の骨子を作ったのは、後述のC・A・ビアードと、ドイツ留学時代以来後藤と親交のあった、日本の「公園の父」本多静六（一八六六—一九五二。写真）だった。後藤の震災復興にあたって後藤の「四〇億円計画」は縮小されたが、公園部分はほぼ当初の計画通りに実施された。

一つは、本格的な公園を造った。その代表が**横浜の山下公園**です。あそこは、もともとは港湾埠頭だったんです。しかも横浜は、江戸末期以来の国際港だったわけです。東京が国際港になったのはずっと後でしたから。その国際港である横浜港の埠頭の部分を、震災で破壊されたからといって公園にしてしまう。町に山積みされた瓦礫（がれき）で埋め立てて公園のスペースをつくったのです。この発想はすごいです。当然、港湾関係者は反対だったんです。ところがいまになってみると、あの山下公園がいかに横浜のブランドであり、横浜の市民の憩いの場になっているか。いろんな意味で、「ランドマークタワー」とか「みなとみらい21」との関係でいっても、あの横浜という街にとって山下公園はシンボルであって、絶対に不可欠なものでしょう。あれがあるおかげでいかに魅力的な都市になっているか。その後、両隣に山下埠頭や大桟橋をつくりました。これはすごい実績を残した。その街にとって不可欠のものを反対を押し切って山下公園として残した。これはすごい話です。この感覚です。山下公園は日本初の本格的な海辺公園となりました。

もちろん、よく言われるように東京では、**隅田公園、浜町公園、錦糸公園、**この三つと、それからその他の**震災復興公園を数十**つくりました。★隅田公園が日本初の本格的な川辺公園です。小学校の隣に小公園をつくるというのもあって、いま残っているところでいうと、錦華公園——千代田区猿楽町の「山の上

山下公園（上）と隅田公園（下）

★清洲橋（右）と永代橋（左）

ホテル」の下です。当時の錦華小学校（現在は合併でお茶の水小学校になった）の付設で、錦華公園をつくったんです。いま行ったら、小さな公園だけれど、サラリーマンがあふれていて、お昼を食べています。神保町で山の上ホテルの下ですから。それから淡路公園です。これもまた淡路小学校に淡路公園をつけたんです。お茶の水駅のところにある日立ビルの下です。ここもまた昼休みに行ったらサラリーマンがあふれています。あそこでお昼を食べている。

つまり、いまの町づくりでみると、公園があるといいねと思わせるところに公園があるわけです。これはやっぱりすごい着眼ですが、動機はあくまでも延焼遮断帯を造る、避難場所を造るという論理で、むりやり造ったんです。

それが一九二八、九年頃の話ですが、その後の東京の八〇年の歴史は、はっきりいえばそうやって造った公園をいじめてきた歴史です。それは浜町公園だって、錦糸公園だって、隅田公園だって、どれもいい公園として残っているんです。でも、やっぱり造った時に比べると、ほかにスペースがないため公園に各種の都市施設をつくるなどして、いじめているんです。まず、これが一つです。

八〇年生き続ける「橋の博物館」

青山　それから**隅田川の橋**です。八〇年前に後藤新平らがつくった鉄の橋をい

★これらに采配を振るったのは、経理局長十河信二により後藤総裁に推薦されて土木局長となった太田円三である。

まだにわれわれが使っている。**吾妻橋**にしても、**白鬚橋**にしても、**言問橋**にしても、**厩橋**にしても、まだ他にもありますけれど、あの時造ったものをいまだに使っている。最近では、**清洲橋**と**永代橋**★が重要文化財に指定されることになりました。

それから、それらの**橋のデザインで市民コンペ**をやったことです。市民からデザインを募集した。それをコンペをやって、いいデザインのものを選んで、専門家が橋梁設計をやった。★当時は東京市が自分たちで橋梁設計をやりましたから。その後、民間委託で外注するようになりましたが。意匠はすべて市民の公募で当選したもの。だからすべて橋の形が違うんです。これも発想は、地震が起きて、火事火災が起き、あそこで木の橋が焼け落ちて、人びとが逃げられなくて大勢焼け死んだ、というところから鉄の橋になった。だけど、鉄の橋を造る以上は**隅田川を「橋の博物館」に**しようと、実際にいっていたんです。実際にいま橋の博物館になっています。東京都の水上バスというのは、建設局と公園協会が企画をして私はそのガイドを時どきやっていますが、一つ一つ意匠が違うので、私たちは博物館として東京都の水辺ラインで使っています。

グリーンベルトの最強道路

青山　そして**道路**です。**昭和通り**、これは**当時としては破格の幅四四メートル**を造った。まん中がグリーンベルトで、これもまた延焼遮断帯という考え方で四四メートルにしたわけです。ただ、当時まだ自動車がこんなに普及していなかったんです。まだ馬車とか荷馬車、要するに大八車の時代です。だからその幅は物流のためにはいらなかったので、まん中をグリーンベルトにした。戦後、私たちはそのグリーンベルトをつぶして車道にしたんです。最近、ボストンで高速道路を壊して、その跡を公園にし、その高架の高速道路を地下に入れるという工事が進んでいます。いままだ工事中ですけれども、ビッグディッグ（大きな穴掘り）といわれていて、一兆八〇〇〇億円かけた事業ですが、その完成予想図が、まさに後藤新平が造った当時の、まん中がグリーンベルトの昭和通りと同じ、そういう道路を造っています。

いま現在、東京において、幅四四メートル規模で新橋から三ノ輪まで一六キロも続いている道路は他には一本もないんです。八〇年前の自動車化時代でない時に造った、後藤新平の昭和通りが、いまだに最大最強の道路です。三ノ輪の交差点、俗に「大関横丁」といっている信号、あそこまで行くと途端に車線

現在の昭和通り（上）と「大関横丁」交差点（下）

が減るんです。昭和通りは都道ですが、大関横丁で日光街道という国道に入った途端に車線が減って狭くなるんです。それは東京都にとっては誇りです。そういう道路を造ったということです。

じつは昭和通りだけではなくて、**靖国通りが三六メートル**で、**外堀通りが三六メートル**、これも当時やったんです。それから小さいけれども国会の正面の**国会通りが五〇メートル**で、これは長さは短いが、後藤新平の震災復興計画です。道路についていうと、そういう目立った、いまだに東京都の都心の最大最強の道路が、すべて戦災復興ではなくて震災復興で造った。これが一点です。

未完の環

青山　もう一つは、昭和二（一九二七）年の**環一から環八までの環状都市構造計画**。私たちは環七、環八といってますね。オリンピックでつくったわけです。でも、これは計画自体は昭和二年、震災復興です。まだ完成してないけれども、環一というのはだいたい内堀通り、環二がだいたい外堀通り、環三がだいたい外苑東通りから言問通り、環四がだいたい外苑西通りから不忍通り、環五が明治通り、環六が山手通りで、環七、環八といくわけです。このうち、いまの時点で完成しているのは、まだ環七と環八だけです。あとの環一から環六がまだ完成してないんです。昭和二年につくった計画です。

これが完成すると、**環状の道路構造は非常に合理的**です。まだ二一世紀にも通用する都市構造です。ニューヨークはあれだけ道路面積率は高いのに、まずわれわれは、とくに南北で移動するんだったら、絶対にタクシーを使わない。どれだけ時間がかかるかわからないから。いまだにマンハッタンは自動車交通は全然だめなんです。道路面積率がマンハッタンの六〇〇〇ヘクタールの中で、二〇パーセント超えているんです。東京は一六パーセントしかない。それなのに、マンハッタンはいまだに大渋滞があるんです。あれは格子状だからだめなんです。やたらと右折左折に時間がかかる。格子状は自動車時代向きじゃないんです。

ロンドンは一六六六年のロンドン大火で、石造り、レンガ造り以外は禁止したので、改造しにくい都市になって、新しい道路はほとんどできないんです。その代わり、コンジェスチョン・チャージ（渋滞課徴金）をやって、徹底的に自動車を締め出して、公共交通にバスを使えとやっているわけです。それでそれなりに対応しているんだけれど。

そういう意味でいうと、ロンドンとニューヨークと東京という三つの世界都市のなかで（パリは観光世界都市だけど、金融経済からいったら、まったく世界都市ではないですから）、**東京は計画だけは世界**一いいです。この環状都市構造を実現したら、自動車効率がすごくいいんです。それは未来型なんです。工業化時代には、都心の本社は大量の伝票処理・事務処理をこなしていた。情報化時代には、これらの事務処理は機械が行う。都心の本社は、人間でしか扱うことができない創造的な知的生産を行う。そのため異業種・異分野の人との交流機能を都心の本社がもつ。人々は、郊外から都心に通勤するのではなく多様に移動する。したがって放射構造の都市でなく環状ネットワーク構造の都市が機能を発揮する。後藤新平の震災復興計画はじつに機能的です。自動車を皆さんは公害源だと思っている。たしかに現時点では自動車ほど未熟な技術はないんです。未熟だけにおもしろいんですけれどね。だって、六〇キロの人を運ぶのに、本体は二〇〇キロぐらいのものを、それも全部ガソリンで動かしているわけですから、こんなに未発達な技術はないんです。しかし、自動車も二一世紀には公害源ではなくなるでしょう。いまだってハイブリッドとか、プラグインですからね。そのうち電気自動車ばかりになるんです、いずれにしろ。そうなったらこの環状道路構造がすごく生きてくるんです。

占領軍による「復興の禁止」

青山　じつは、一九四五年、東京大空襲を受けたあとの戦災復興のときに、東京都はわかっていたわけです、この後藤の計画はすごいと。だから公式に残っている東京都の戦災復興計画★は、この環一から環八を一挙に造るということだったわけです。ところが、占領下でしたから、マッカーサーが首都の復興はやらせないと。

なぜかというと、マッカーサーの占領政策の主眼は、日本に戦争をする能力をつけさせないということですから、首都を復興させるというコンセプトがまったくないんです。財閥解体とか、労働組合とか、いわゆる民主化政策、そのためには天皇は利用するという考え方であって、まったく首都の復興というのはない。私はマッカーサーの日記から何からあらゆるものを読んだけれども、マッカーサー関係の書物に「首都の復興」という言葉は絶対でてこない。

実際、空襲を受けた仙台は戦後、定禅寺通りとか、一〇〇メートル道路を造ったんです。名古屋も一〇〇メートル道路を造りましたね。広島も平和大通りを造りました。みんな空襲を受けたところは造っていまです。だけど、首都だけはマッカーサーがいたから、造らせてもらえなかったんです。地下鉄さえ造らせてもらえなかったんです。

地下鉄は銀座線を戦前に造っていました。いまでも便利な地下鉄で、戦前はそれ一本だけです。戦後昭和三十年代に、ようやく丸の内線を造ったのですが、でもあれは計画が走りだしたのは占領下です。その時に、これは記録が残って

★次頁図参照。後藤新平の環状道路計画を基にした、東京都の戦災復興計画図(東京都建設局)。

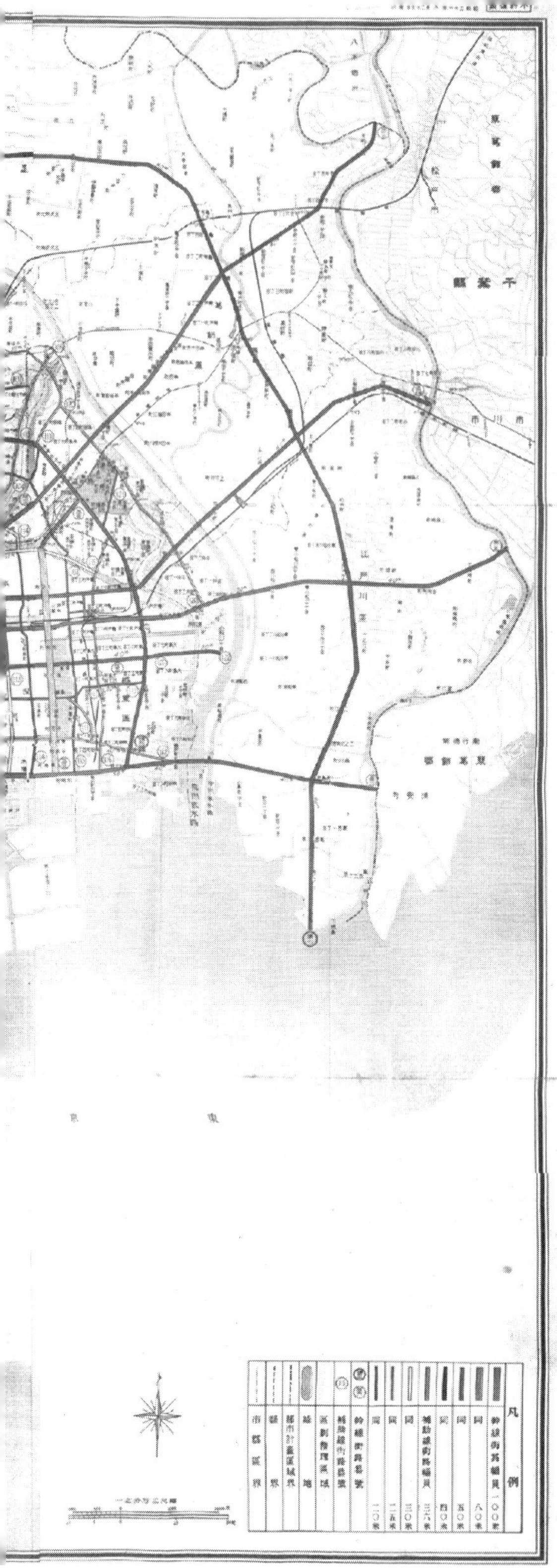

いるんですけれども、丸の内線がどうやって占領軍のＯＫをとったかというと、なるべく浅いところに造らせる、たいしたインフラではないということで了解をとったんです。だから丸の内線はやたらと地上に出るんです。後楽園のところとか、御茶ノ水とか、茗荷谷とか。それで浅いところを造って、地下鉄じゃないということで造らせていただいたわけです。そういうことを考えると、要はマッカーサーの占領政策によって実現しなかったけれど、いまだに都市計画決定は生きているわけですから、これから実現すれば、環状道路はすごい。結

東京都建設局監修

復興都市計畫一覧圖

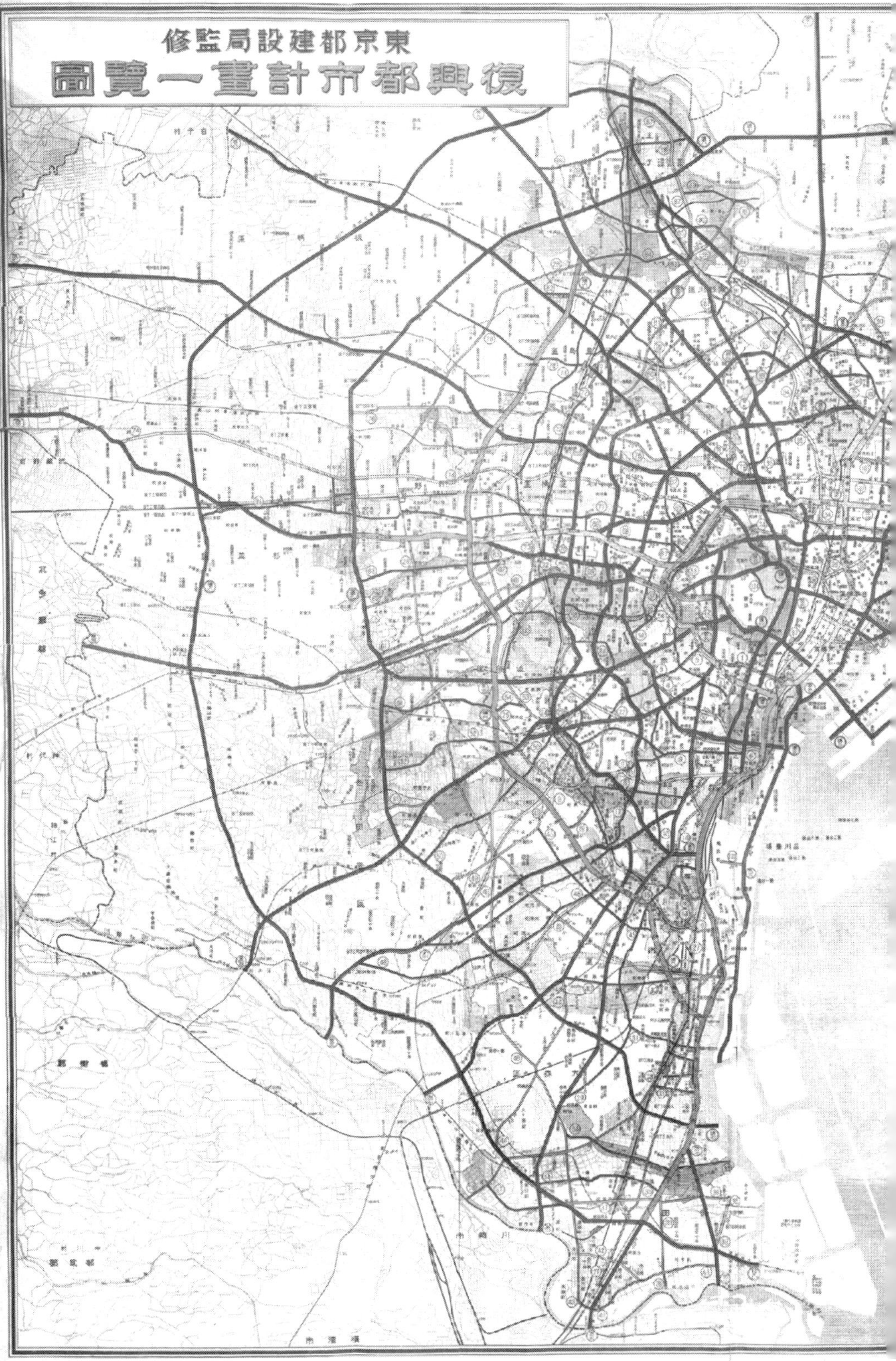

局、道路は都市構造の骨格ですから、やっぱり後藤新平は都市づくりをやったと。

理念ある建築物

青山　それから他には、**同潤会アパート**などがありますね。これも、東京市長時代に造られたんです。皆さんが知っているのは、一つは表参道の**青山アパート**です。表参道の建物は最近造り換えましたけれども、コンセプトは今でも残しています。表参道の道路に沿って長い、長屋式の、回廊が中にあるという感じで残したんです。東京にはほかにも同潤会アパートができましたが、さすがに八〇年経ちましたから、それらは戦災をまぬがれたものも壊しました。**大塚女子アパート**も壊しました。戦後、団地を造りましたけれども、その走りとして石造りとかレンガ造りの不燃建築のアパートを造ったわけです、同潤会という、いわば住宅供給公社をつくって。これも発想としては、いざという場合に燃えないという考え方で造っていったわけですけれども、そういう意味では近代建築を残したわけです。いまもう全部なくなってしまいました。

それから、代表的なものは**日比谷公会堂**★ですね。日比谷公会堂の場合は、理念が先にありますね。後藤新平は政治倫理に晩年を捧げたわけです。民主主義のためには、人びとが議論する場所が必要であるという考え方なんです、日比

★市政会館・日比谷公会堂（一九二九年竣工）。

★「銀行王」安田は、東京市長時代の後藤の都市計画構想に意気投合、東京市政調査会設立および日比谷公会堂の建設に資金提供を約したが、直後に暗殺された。安田家が約束通り資金を提供し、設立・建設は遂げられた。写真は市政会館定礎式。

★読売新聞社買収資金一〇万円は、後藤が自宅を担保に入れて借り入れ、人を介して正力松太郎（写真）に渡したものだった。後藤の没後にその事情を知った正力はその恩義に深く感じた。左は奥州市・後藤伯記念公民館。

谷公会堂の場合は。それで安田善次郎に寄付させた。★東京市の市有地に安田善次郎が建物を建てる。そして東京市に寄付するという形で日比谷公会堂を造った。だから建物でもあるんだけれども、民主主義のためには人びとが、東京市民が、政治に習熟する必要があるという考え方です。

それを知ってるから、正力松太郎が読売新聞社買収の際の後藤新平への恩義★に報いるために、水沢に公民館を寄付したんです（一九四一年。現・奥州市後藤新平記念公民館）。それが日本で最初の公民館と言われていますね。

科学的行政が汚職をなくす

――震災復興は、まさに首都が破壊されたからこそ計画されたものだと思いますが、そもそも後藤はなぜ市長に就任し、八億円計画を打ち出したのでしょうか。

青山　それは二つ目の「行政改革」の話題になるかもしれませんね。

徳富蘇峰は「調査はカバンのごとく後藤新平についていく」と言いました。たぶん福島洋学校時代に測量学を学んだとか、医学の勉強をしたとか、そういう科学的方法論を学んだのが、そっちに生きているんだと思います。なぜ後藤新平が国務大臣をいくつもやったのに東京市長になったのかというと、汚職が蔓延して、かなり東京市役所の幹部職員も幹部議員も逮捕された★。その**再建のために東京市長に**乞われたわけです。側近はみんな反対したんです。あんな東京市みたいな汚職の伏魔殿は、入っていった人は何人も見たけれど、出てきた人は一人も見てない、入ったら出られなくなる、と。いまでもそういうことをいっている人がいますけれどね――私は出てきましたけれど（笑）。そういうところに乞われたのは、汚職で完全に市議会も詰んでしまったということで、救世主として乞われたわけです。大物市長が必要であると。

それで、東京市長になって、方法論的にいうと後藤新平があの時いったのは、**科学的行政**が必要である。科学的行政というのは、科学的調査にもとづいて計画を作って、計画的に進めるということが必要である。これは汚職をなくすために必要である。なぜかというと、ここに道路を造ろうとか、この道路を舗装しようということを、恣意的に、無計画に決めるから汚職がはびこる。きちっと科学的な調査にもとづき、科学的に長期的な計画を決めて、その計画にもとづいて事業を行っていくということにすれば、おのずから汚職の根を絶つことができると、そういっているわけです。それで八億円プラン★をつくったわけです。それが一つです。

★大正九年（一九二〇）十一月、東京市道路工事に関する疑獄事件が起こった。

★「八億円計画」は通称で、後藤自身は、政府に対しては「東京市政に関する意見書」、市参事会においては「新事業及其ノ財政計画ノ大綱」、市会議員に対しては「東京市政要綱」と称して発表した。

★下水道を整備することにより、台北の街路は清潔で広々としたものになった。

インフラづくりからはじまる

青山　当時、東京市の一番の問題は、とにかく**道路の舗装**ができていなかった。風が吹けば埃が舞って目も開けられない、雨が降ればぬかるんで歩けない。そういう道だったわけです。まず道路を計画的に造って舗装する。これが八億円プランのまず第一です。

それから人口急増時代、産業革命時代ですから、都市がスプロール化して、市街地が拡大する一方だという時代ですから、そういう時代に、道路をきちんと整備するということが必要だと。

もう一つ、これはじつは、さっきの都市計画の話のつづきに戻りますと、東京や横浜でやる前に、もともとは台湾の町づくりで一番最初に彼は成功したわけです。なぜ**台湾の町づくりに成功**したかというと、**公衆衛生のためには上下水道の完備**★**が必要**だと。上下水道を完備するには、まずインフラとして道路を整備しないと上下水道を付設できないという発想があったんです。

それからもう一つは、**台湾に産業を興す**には何がいいのか。亜熱帯の気候としてサトウキビの栽培がいいと。サトウキビ原材料で輸出したのでは金にならないので台湾の中で精製する。それで新渡戸稲造を招いて、サトウキビの種を選ばせたわけです。

それで台湾の、たとえば**台北城の城壁を壊して、片側六車線の公園道路**を造った。いまでも残っています。また、いまだに後藤新平時代の下水道が掘り起こされたりする。当時、植民地の宗主国の日本の上下水道よりも、**植民地である台湾の台北の上下水道のほうがよほど立派**であると言われたという記録が残っています。

それから、とくに台湾民政長官時代に一番日本の議会と戦ったのが、**基隆の港を造る**ということで、もちろんこれは外債の発行で賄ったのですけれども、それが一番もめたわけです。インフラ整備でがんばった。その成果が台湾ではあったわけです、現実に。日本がつくった植民地で、日本に富をもたらしたのは台湾だけだと言われているぐらいです。

「大風呂敷」ではない東京市長時代の八億円プランの中身

青山　そういう発想が**東京市長時代の八億円プラン**に生きていったわけです。八億円というのは、中身は『正伝』を読めばわかりますけれども、じつに地道な計画です。**道路計画**だとか、**道路舗装**だとか、**上下水道**であるとか、**公営住宅の整備**だとか、**港湾の整備**――これは安田善次郎が入れろ★と言われたという

★東京湾の大築港計画は、安田善次郎や浅野総一郎が描いていた計画でもあった。

記録が残っていますね――、それに**学校**ということで、非常に地道な計画です、八億円プランというのは。

中身を読まない人に限って「大風呂敷」といっていますけれど、中身を読めば**八億円プランはまったく地味で堅実な計画**です。なんで「大風呂敷」というかというと、当時の東京市の年間予算が一億五〇〇〇万円ぐらいだったのに★、八億円の計画をつくったから、「大風呂敷」だと言われたわけですけれども、実際にはこれは一〇年、二〇年かかる計画ですから、別に市の年間予算の何倍にもなるのは当たり前の話なんです。いまそういう長期計画を自治体がつくっても、ほめられるだけで、「大風呂敷」だなんてだれも言わない。そういう意味では計画づくりでも先駆者であった。

だからいまさらマニフェストなんていっていると、後藤新平も笑って、「八十年前には『大風呂敷』といわれたよ」というと思いますね。本当に、あの八億円プランの中身を見ていただくといいと思うんです。本当に地道な計画ですよ。地味なことしか書いてないです。いまの政治家のほうがよほど「大風呂敷」だと思いますよ。ありえないことをマニフェストに書いたりみたいなことが言われますけれど、八億円プランの中にはありえないことは一つもないんです。いまいったような、**都市の基本的な生活インフラを整備**する話しかないんです、あの中には。まったく「大風呂敷」ではないんです。ただ当時の政敵からは「後

★政府の経費が一五億円の時代でもあった。

★シベリア出兵が長引くなかで起きた尼港事件と、日本軍北樺太保障占領をめぐって行われた日露間の大連会談・長春会談が決裂すると、そのロシア（ソ連）代表アドルフ・ヨッフェ（写真）は、北京をへて上海の孫文のもとへ向かう。後藤はソ連と中国の結びつきを警戒し、ヨッフェを日本に招き、日ソ国交交渉の方向づけをしようとした。

藤新平の大風呂敷」と非難の矛先を向けられた。

——そして、八億円プランはつぶされるわけですね。

青山　棚上げになるんです。後藤は、**ソ連のヨッフェとの交渉**★をやるために東京市長を辞めてしまう。しかし、結果的には、大正一二（一九二三）年の**関東大震災で内務大臣兼帝都復興院総裁**になるから、その後八億円プランを改めて実行しようとしたわけです。震災復興計画ですね。これは、これからの時代にも参考になります。日本は必ず災害はあるわけですから、きちっと復興計画をつくっておくということです。いまはそれは自治体がつくれるようになっています。

三〇年ぐらい前には、復興計画とか、地域危険度調査とか、「ハザードマップ」とかいう言葉さえ出せなかったんです。三〇年前には、「縁起でもない」と実際にそう言われたんです。それから私が都市計画部の課長の時に、日本ではじめて地域危険度調査というのをやったんですけれども、そんなものを発表したら危険地域の家賃が下がる、地価が下がる、テナントが出て行く、どうしてくれるんだと、実際に都議会でベテランにそう怒られましたから。いまはハザードマップを作らないと大変だといわれます。時代はものすごく変わったんです。いまの時代になってわかってきた、そういう**復興計画をつくる有効性**を後藤新平は当時から証明しているわけです。東京市長時代につくった八億円プランはお蔵入りでしたが、直後に関東大震災が起きた時に、東京市は八億円プランをもっていたから復興計画ができたんです。

――八億円プランの復興計画は、全行政マン必読ということですね。後藤以前にはそういうプランつくりはなかったんですか。

青山　初めてだったんです。だから「大風呂敷」と言われたわけです。それまでは計画行政という考え方はまったくなかったですから。

欧米でも、そういうプランニングが非常に議論されるようになってきたのは、近年のことです。言ってた人はいたらしいですけれど。とくにチャールズ・オースティン・ビアード★は、コロンビア大学を追われて、ニューヨーク市政調査会にいっていて、一九二二年から二三年にかけて半年、東京にいて、八億円プランに対して助言をしていますから、そういう考え方はあったんです。

いまは、アメリカの「スマート・グロース（賢い成長）」とか、それからEUの「スペイシャル・プランニング（空間計画）」とか、どちらも都市計画を土地利用計画だけで決めてはだめだという考え方です。教育とか福祉とか公衆衛生とか、市民生活に関わる事項全体について計画を立てないといけないということが、アメリカでもEUでも、二〇世紀末から同時並行的にでてきたわけです。

★アメリカの政治外交史学者。市政の腐敗を防ぐために設立されたニューヨーク市政調査会専務理事。後藤は東京市長になるとビアードを招致、その助言を得て東京市政調査会を設立。関東大震災のときも招き、復興計画に助言を求めた。

日本でもまったく同じで、都市計画というより、いまは「まちづくり」とひらがなでいう。それはやはり市民生活の観点から、都市計画は土地利用計画だけではだめだと。そういうインテグレーション、総合化の流れが世界で同時的に起きているのは、非常におもしろいですね。

4 行政改革と人づくり

「自治」を育て、「才能」を招く

青山　東京市長時代にやったことを整理すると、一つは科学的調査にもとづいて、計画行政をするということが「**行政改革**」としてはあります。

それからまた、特筆すべきは、「**吏員講習所**（りいん）」といったんですけれども、職員研修所をつくったということですね。「東京市民の中に自治がある」という、まさにこれは名言で、職員にたいして自治思想とか、計画行政を教えるために、吏員講習所をつくったんです。科学的行政のためには職員のレベルを上げる必要があると。汚職議員のいうなりになってはだめだという考え方ですね。そのために吏員講習所をつくった。それは脈々と生きていて、いま全国で職員研修をやっていない自治体はないですね。これは科学的行政とか自治の思想の実現のためには必要であるという考え方です。

それからもう一つは、**非常勤の参与として、各界の名士とか学者**を、当時で九〇人以上、東京市に招きいれたんです。週に一、二回、来てもらって、職員と議論してもらう。そういうことをやったんです。その一人に美濃部達吉（憲法学者）もいました。だからかなり一流の人が来ていた。★これは非常に行政改革で、いまでも自治体に新しい首長が飛びこんでくるとよくやる手法です。しかし、九〇何人も連れてきたんですから。私も石原慎太郎さんが当選してきたときに、「遠慮することないですよ。職員は抵抗するけれども、ネットワークのある人は、非常勤で参与とか、顧問とか、どんどんいろんな形で都庁に参加していただいたほうがいいですよ」といったんです。実際いろんな人を連れてきた。成功例は写真美術館館長の福原義春さんとかですね。

★小林丑三郎（財政学）、岡実（法学）、佐野利器（建築家）、渡辺銕蔵（経済学）などの博士ら。

リアリズムに基づく行政改革

青山　後藤新平が自信をもって改革を断行できたのは、台湾で成功したからだと思います。民政長官として着任したときに、まず**法律職を大量に解任**して、その代わりに**土木とか、建築とか、農業とかの専門家と入れ替えた**んです。その時に、台湾の総督府を辞めさせられた法律職の役人が帰国して、下関に毎日のように大量に上陸したといわれたと『正伝 後藤新平』（藤原書店）に書いてあります。要するに、それまでの総督が法律職を大量においたのは、日本が初めて植民地を得たのは日清戦争ですから、帝国の法律は台湾においても施行さるべしという思想だったんです。それにたいして後藤新平は、そんなことで治められるわけがないと。マラリアと伝染病の土地だから、だいたい日本人が行っても伝染病でまいってしまいますから、これは密林を切り開いて、原住民にきちんと近代的な生産システムをもたらして、上下水道を整備して、衛生状態をよくする以外にないという発想で、総合化していったんです。

そして台湾の民政局で、官僚組織をかなり経済産業振興的な組織に換えたわけです。これが行革だと思います。

組織改革、自由な気風

青山　もう一つ、非常に近代的な発想をいうと、満鉄の総裁になった時に、一つは調査部をつくりました。調査部といっても、いまの調査と違って、当時の調査部というのは要するに計画部、政策立案部だった。いまやどこの会社にも企画部がありますけれども、満鉄でそれをつくったというのが一つ。それから、

★明治四十年（一九〇七）十月に設立。

中央試験所★をつくった。戦後、満鉄から帰ってきた調査部の人たちが日本のシンクタンクをつくったケースもあります。政策立案の手法を知っていたわけです。また、中央試験所の人たちが日本に帰ってきて、理化研やなんかの幹部になっていったんです。

それから戦後、科学技術情報センター（ＪＩＣＳＴ）というのを政府がつくったんです。いまや、インターネットでキーワード検索するのは当たり前で、皆さんがやっていますけれども、はじめて大型コンピュータを入れて、論文検索をキーワードでできるシステムを日本でつくったんです。その責任者は満鉄の調査部上がりの人です。私は四〇年ぐらい前にその人に会っています。四〇年ぐらい前に日本に、論文検索をするシステムがあったんです。そういうように、満鉄の調査部と中央試験所が戦後復興をそうとう支えているんです。

この二つは、メリトクラシー（能力主義）です。能力のある人がそこで活躍できる「場」をつくってやる。だから能力のある人が満鉄の調査部や中央試験所にいて、戦後復興を担ったということがあります。

同時に、そういうところに能力のある人が集まったのは、**満鉄の自由な気風**です。これも『正伝 後藤新平』に書いてありますが、自由な気風というのはどういうことかというと、たとえば、だれでも俺のところにアイディアをもってこい、直接もってこいと。いまでいうフラット組織です。いま日本の会社もか

満鉄機構図（昭和二十年八月十五日現在）

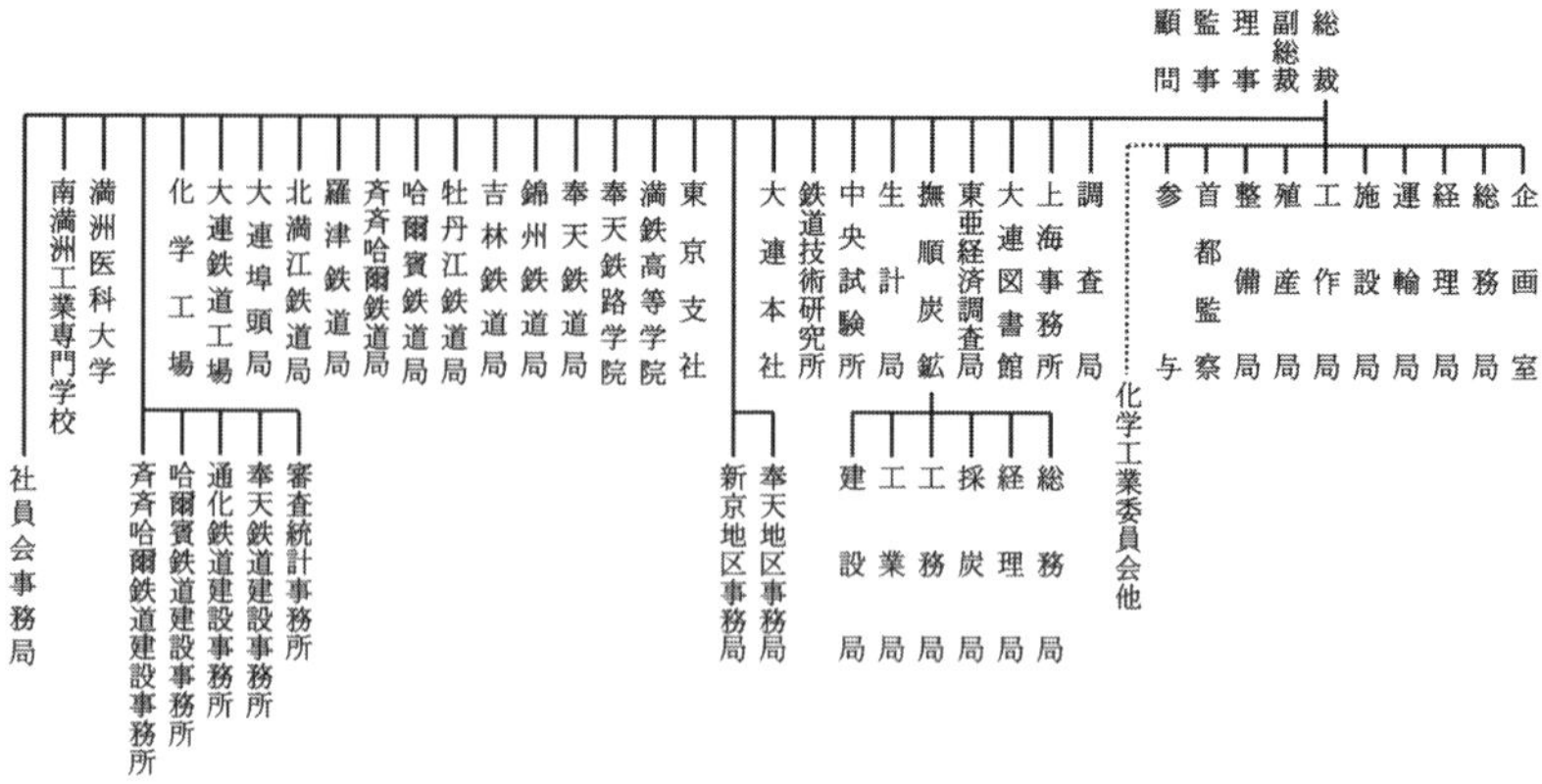

なり、局長、部長、課長、課長補佐、係長、次長みたいな制度をやめにして、マネージャー制とか、ゼネラルマネージャー制とかいう形でフラット組織にして、マネージャーであれば、部長を通さなくてもいい、社長に直接いえと。そういう組織に換えている企業が非常に多いんです、情報化時代で。でも、じつは満鉄の組織がそうだったんですね。

一つは具体的にいうと、**役員の大部屋制**です。『正伝』に書いてあります。要するに役員がそれぞれ個室に入っているというのではなくて、役員も大部屋にいる。これは非常に組織のフラット化に役に立つのと、情報が迅速に伝わる、命令も迅速に伝わるという効果があります。大部屋制だったら、ここで電話でしゃべっているやつがいれば、それは違うぞということができます。非常に効果があるんです。満鉄は役員大部屋制をやった。

それからもう一つは、**役員食堂を廃止**したんです。役員食堂を廃止して、一般の職員食堂で役員も食べるということにしたわけです。そうすると、役員が昼飯を食っていると、「ところで総裁、こんなけしからんことがあるんですよ」と職員が言える。そういう直訴の場にしたわけです。『正伝』に残っている具体的事例はその二つぐらいですけれども、いずれにしろ、そういうことに象徴される満鉄の自由な気風、自由な社風に共鳴して、本土から大量の若手の技術者とか、若手の優秀な人が満鉄に入社したというわけですね。

なかにはマルクス主義的な人も集まったわけですが、当時は流行ですから、マルクス主義は。それを左翼といっていいのかどうか。しかし、そういう人たちもいるということは、自由であったということですね。実際そういう人たちのつきあいも、これもまた『正伝』にでてきますけれどね。

後藤新平自身も進化して、台湾でやった法律職と技術職と入れ替えて政策を実施していくという発想は、満鉄の調査部や中央試験所など、満鉄のトップのあり方にかなり近代経営的に取り入れられて、それがさらに東京市で非常に生きたと思います。

敗者の目線、才能への愛

青山　じつはそのことと、私のいう三つ目の「**人材登用**」ということは非常につながっているんです。
彼はつねに才能を愛したんです。人も愛したと思いますけれども、それよりも優れた才能の人がいると、それをどう引き立てるかということに腐心した。

これはたくさん残っていますね。正力松太郎にしろ、新渡戸稲造にしろ、長尾半平にしろ、その他、東京市の助役に登用した三人（前田多門、池田宏、永田秀次郎★）など、みな非常にその後も伸びていますね。永田秀次郎は市長にもなったし。

そうした人材登用というのは、じつは後藤自身が、明治維新戦争で敗けた東北の小藩の下級武士だったのに、**占領軍である官軍によって教育を受けさせてもらった★**、その経験からきているのではないでしょうか。私はそれが非常に象徴的で、明治の日本の輝かしいところだと思うんです。明治維新は、きわめてきびしい内戦だったわけです。とくに会津は、いまだに都庁で福島県人に薩摩や長州の悪口をいうと、友だちになれますよ（笑）。実際、会津は半年間、死体を片付けさせてもらえなかったんですからね。会津の町中に死臭が漂っていたわけですから、それぐらい烈しい戦争をした。

それなのに官軍は給仕として若者を要求して、占領された側もまた意地悪をしてバカなやつをやるんじゃなくて、逆に世の中が官軍の世の中だからということで、自分たちはみじめな思いをしても、十代前半の優れた少年を出した。これがすごいと思うんです。どっちもすごいですよ、勝ったほうも負けたほうも。勝ったほうも給仕を差し出せといって、それが優れた少年だとことん育てたわけです。それからまた西に転勤したりすると、連れていくんです。それ

★前田多門（一八八四―一九六二）は、後藤の寺内内閣内相秘書官となり、都市計画課長などをへて一九二〇年、三助役の一人に抜擢される。池田宏（一八八一―一九三九）は、内務省都市計画課長として初の都市計画法（一九一九）を起草。帝都復興院では復興計画局長を務めた。永田秀次郎（一八七六―一九四三）は後藤の寺内内閣内相時に警保局長。後藤の後任として東京市長となる。

★十五歳の頃の後藤新平。

★阿川光裕（一八四五―一九〇六）は、安場保和に識られ胆沢県に史生として同行、安場の依頼で後藤を預かり教育した。後藤に須賀川医学校で学ぶように勧めり。安場が愛知県令になった時も同県に赴任し、その縁で後藤は愛知県病院に転じ、阿川宅にも寄宿した。

★斎藤実（一八五八―一九三六）と後藤新平。斎藤は明治から昭和にかけての海軍軍人政治家で、後藤の幼少時からの友人。一九三六年、二・二六事件で殺害された。

で学校に通わせています。

これもまた『正伝 後藤新平』に出てきますが、阿川光裕★なんかは出世しなかったので、苦労したけれども、後藤新平の学費を一生懸命だしたわけです。非常につらそうに奥さんがお金をくれたというのを、後藤新平はいい残している。それから安場保和さんも、娘を後藤新平の嫁にしました。彼は非常に高官だったわけですから。それを占領軍が被占領地の下級武士の倅にたいしてやったと。これは当時の日本のすばらしさですよ。

日本が第二次大戦に敗けたという時に、だいたい関東軍が悪かったということから、戦前を全否定するという教育がこれまで実際に行われたんです。明治、大正、昭和はだめだったと。私たちはそう教わりましたから。それも占領下のみじめさだと教わったわけです。こんなみじめな状態に日本をしたのは、そのころが悪かったと。だけど、歴史をひもとくと、けっしてそんなことはないです。明治は考えていますよ。その輝きはいろいろあるんだけど、それを私は日清、日露に勝ったということよりも、むしろ維新戦争で敗けたところの優れた少年に教育を授けて、どんどん登用したことだと思うんです。

実際、戦前の岩手県から、首相が三人ぐらいでています。原敬もそうですし、斎藤実★などはまさに後藤新平といっしょに給仕に呼ばれた。それが首相になっているわけです。米内光政も岩手県出身です。この事実に目をつぶってはいけないと思います。敗けた側から続々と首相が輩出しているんですから。

その象徴が後藤新平で、首相にはならなかったけれど、彼自身が教育をそうやって受けたということだと思います。そういうことがあったから、後藤新平もいろんな人を、自分の身を犠牲にしても登用したということです。新渡戸稲造を台湾に呼んだときは、東京にたまたまいて、風邪で高熱で臥せっていたけれども、東京駅に使いをやって、新渡戸稲造を枕元に呼んで、頼むよといったとか、正力松太郎にたいしては**自宅を抵当に入れて、読売新聞社の買収資金をつくってやった**とか、そういう話はたくさん『正伝』に出ていますけれども、それらは、本人がそうやって、敗軍の人間だったのに登用されたという原点から出発したんだと思います。

ということは、優れた人間であれば、どういう出身であろうともみんなで育てていく、そういう気風が当時の日本には横溢していたんです。つまり、人材登用のシステムが社会的にビルトインされていたんです。いまの日本にそれがありますか。人材登用からすると、いまの日本のほうがずっと明治よりも逼塞しているんです。いまの日本では国会議員の息子が国会議員です。これはひどい話です。それと高学歴の親の子はだいたい押しなべて高学歴にいけるんです。学歴のない親の子は、なかなか高学歴のほうにいかない。いまの日本は、じつをいうと、明治よりずっと身分が固定化されているんです。

いまほど歴史上、日本で身分が固定化された時はないと私は思います。なぜかというと、江戸時代でも旗本の株はいくらでも金で買えたんですから。勝海舟が有名ですね。あれは祖父が金貸しをやって、旗本の株を買ってくれたんです。そんな例はいくらでもあります。金で買うのがいいとはいいませんけれど、ただ士農工商の身分制で江戸時代はだめだったと私たちは学校で習ったんですけれども、じつをいうとその士農工商はけっこう往来していたんです。

そういった側面を後藤新平は体現していると思います。だから行政改革といっても、その中身のかなりのところは、優れた人材は使い、その優れた政策提言は受けとめる。こういうふうにダイナミックにやっていた人材登用だと思います。

学歴・出身にこだわらず

――いまのように、恵まれた場から大学に行った人間が上に立つということは、ほとんど絶望的という感じがしないでしょうか。

青山　私は、戦後の日本がとくに逼塞していたんじゃないかと思います。とくに学歴主義です。それから高度経済成長時代、工業化時代、とくに産業が巨大化して大量生産が発達していく時代には、与えられた問題にたいして、あらかじめ教えられたとおりに答えることが九〇パーセントできる、そういう能力がメリトクラシー（能力主義）で求められた。グローバル化して、高度情報化時代になった今、ポスト・メリトクラシーなのか、ビヨンド・メリトクラシーなのか、スーパー・メリトクラシーなのか、ハイパー・メリトクラシーなのか、その四つのどれであるかというのは、それぞれに考え方は違うと思いますが、いずれにしろ、そういう決められた問題に決められたとおり答えるというものではない。むしろ問題発見とか、人間的な総合力だとか、コミュニケーション能力だとか、ネットワーク力だとか、そういう二〇世紀型とは別の、メリトクラシーを超えた人材が求められるという時代に変わったわけです。

日本でもそれは意識されているんです。大企業でも役員の構成などが非常に多様化してきている。アメリカとかEUでは「多様性 diversity」が流行り言葉ですけれども、日本でも一定の一流国立大学とか一流私立大学だけに特化した役員構成から、大きく変わりつつあるし、成功の構図というのも、それでエスカレーターで登っていくという構図でなくなりつつある。それは、みんな生活実感として、いまもうすでに知っているわけです。

そういうことでいうと、日本もメリトクラシーが崩れつつあるんだけど、新たな理念はまだ見つかってないんです。後藤新平は少なくとも、その人の能力とか才能を愛して、それを伸ばしていくという点では、かなり未来型の経営者だったんですね。だから「後藤新平を掘れば現代が見えてくる」と、私はいってるんですけれども。人材登用とか、これからの二一世紀型の社会のリーダーに、どういったモデルがあるのかというのは、いま経営管理学の世界でもまだまったく定説がないわけです。少なくとも古典的管理論から人間関係論になって、経済人仮説が社会人仮説になって、それから目標管理論になって、これが近代管理論だと言われているわけですけれども、アメリカ型の行動科学が支配した時代があったんです。

ここまでが二〇世紀で、二一世紀型は、要するにメリトクラシーを超えるというところまではきているんですけれども、超えるのがハイパーなのか、スーパーなのか、ビヨンドなのか、ポストなのかというのは、まだ議論の緒についたばかりなんです。たぶん定説ができたころには、また次の時代に流れていくだろうけれど、後藤新平は非常にヒントになります。現実的でわかりやすいんです、人材登用が。

少なくとも言えるのは、**学歴とか出身にこだわらない**。能力とか政策提言に取るものがあればそれを登用するという、非常に現実的なダイナミズムが後藤新平に見られる。そういう意味で現代に通用する、そして読まれるんです。

東京市長時代の後藤新平
（後藤新平記念館提供）

能力主義以後に求められる三つの力

——それにしても、そういうものを発見する人間がいないとだめですからね。

青山　私の仮説は、ポスト・メリトクラシーは三つあるというものです。その能力というのは、「コミュニケーション」「ネットワーク」「インクルージョン inclusion」(包容力)、この三つを言うとだいたいイメージがでてきます。もう今度は、工業化時代の近代管理論とは違って、情報化時代に求められる人材の能力はそういうものなんです。だから、日本の大学も大学院もいまものすごく変わりつつあるでしょう。ようやくその時代に対応しようとしています。いまのコミュニケーション、ネットワーク、インクルージョンで、だいたいイメージとしてはわかってもらえると思います。

六〇年前に日本は戦争に敗けて、アメリカが占領して、小中高はアメリカ型に変わったんです。大学と大学院はドイツ型のまま、研究者養成型できています。ところが、ドイツ型の研究者養成型の教育は、社会の側では役に立たないんです。一部、方法論は役に立つ部分がありますが。押しなべて大学をでてくれば、最低レベルには達していると。だから企業も役所も、入ってきた人間は、資質がある人間が入ってきて、一から教育しなおすというやり方でいままできているんだけれど、大学が競争時代になってきた今、ある程度、社会の求める人材を教育しましたというのが求められます。

それで運動部とかゼミ活動を一生懸命やった人間を企業がとるようになったのが、この十年ぐらいです。どうも運動部だけではいまいちだというので、最近はゼミ活動に注目しているわけです。人事部とか人材部とかが聞くのは、まずゼミ活動、あるいはサークル活動です。

ということは、企業はコミュニケーション、ネットワーク、インクルージョンと、こういう能力のある人材を取りたかったんですね。大学のほうも最初は運動部で、その次にはゼミ活動に力を入れてきて、今はでも大学そのものを変えようと。要するに研究者養成型の教育ではない、もうちょっと社会が要求する教育をしようというふうに、学部のほうも変わるケースがある。専門職大学院がでてきたのもそれなんです。いま日本は過渡期ですからね。

――コミュニケーション、ネットワーク、インクルージョンの三つというのは、全部、後藤新平がすでにやっていたんですね。

青山　そうですね。私たちは苦労して、そういう議論をいましているんですけれど、それは後藤新平がやっていたよねという話ですよ。彼のはまさにポスト・

メリトクラシーでしょう。勉強のできる「優」が多い人を尊重するという発想はまったくないですからね。決められた問題に決められた答えを出す人がいいということではなく、状況に応じて政策を創造することができる人材を求める。

――二一世紀のリーダーとはと、さきほど質問を立てられましたけれども、それはすでに後藤新平が自らやっているということになりますね。

青山　具体例を説明すると非常に説明しやすいですね。未来を考えた場合、これから二一世紀の最大の課題は環境問題で、地球温暖化対策でしょう。そこで後藤新平はかなり参考になると思います。彼は伝染病予防、亜熱帯での公衆衛生、亜熱帯に限らず公衆衛生のためには、きちっと都市インフラを整備しないとだめだ、上下水道を整備しないとだめだと考えている。非常にわかりやすいですね。

「シチズン」と「公民」の精神

――さきほど「公民館」の話が出ました。この「公民」という言葉ですけれども、後藤には『公民読本』★という本もありますね。「シチズン citizen」を彼は「公民」と訳したのではないでしょうか。

★『公民読本』一九二六年。

青山　後藤は「**シチズン時計**」**の名付け親**だといわれています。私もシチズン時計の社長の梅原誠さんから頼まれて、さんざん調べたんだけど、よくわからなかった。でも、まだ諦めないで、何か見つかるかもしれない。後藤新平はいまだに新しいものが見つかりますからね。

明治の啓蒙思想家たちは、いい日本語をつくっていますね。「幸福」とか、すばらしいですよ。「幸福」はとっくに福沢諭吉が使っています。福沢諭吉の文献では、地方の役割に「幸福」というのが最初にくるんです。

後藤新平には「**私物化しない**」ということ、その意志が非常に強かったですね。これもまた『正伝』に出てくるんですけれども、後藤が台湾へ民政長官として行ったら、阿川光裕が出世しないでそこにいたわけです。それで県知事の一人に取り立てようとしたら、阿川が断ったと鶴見祐輔は書いています。煙草屋をやるといって、本国に帰ってしまった、と。情実人事をやるなんて後藤新平らしくもない、と。本当にいい人のところに書生に行ったと思いますね。

これも鶴見祐輔『正伝』に出ているけれども、そもそも、少年時代に、まず安場保和の家へ行って、安場さんは偉かったから、うちは忙しすぎる、と。だから阿川光裕のところなら暇だから阿川のところへ行けといった。そこで後藤が将棋に没頭すると、君はまだ学問もできてないのに、将棋なんかやる暇があるのか、学問をやれ、と。それで将棋盤を燃やしちゃったという。あれはすごい話ですね。それ以来、後藤は本当に将棋の駒を手にしなかった。職務に専念したわけですね。それはやっぱり阿川光裕は、たぶん後藤新平の才能を愛していて、その才能だけで生きてほしいと。つまらない勝負事などにかかずらうな、仕事だけやれということを、将棋盤を燃やすことで示したわけです。しかも、後藤新平はそれを守ったわけです。

福島の須賀川医学校にいた時代は、須賀川のほうの記録で「ぼろは着てても心は錦」と、**ぼろぼろで歩きながら勉強していた**という逸話が残っていますね。彼は、ただ才能があっただけではなくて、少年時代、十代前半に、やはり安場とか阿川に育てられていますね。そういう教育を日本がいましているか、ということですよ。それは反省しなくてはいけない。

ビアードの信念

青山　それから後は、**チャールズ・オースティン・ビアードの存在**がやっぱり大きい。後藤新平は相当恩に着たと思いますね。当時の東京に六か月も来て、やってくれたんですから。ビアードは、外交の専門家です。外交の専門家なのに、コロンビア大学の教授を追われ、ニューヨーク市政調査会の常務理事になったんです。財政的に大変だったと思うんです。それが東京に六か月も来ていた。

C・A・ビアードと後藤新平
（東京市政調査会提供）

相当なボランティア活動です。しかも、関東大震災のときにも再び後藤新平の要請で東京に駆けつけている。

——それは、後藤のために来たのでしょうか。

★震災直後の市内に昭和天皇を案内する後藤新平

青山　いや違います。彼の信念にもとづいているんです。私はビアードは都市計画の専門家だと思っていたんです。というのは、関東大震災★の時に、非常に的確な助言をしているんです。「ただちに街路を決定せよ。人びとに家を建てさせるな」と。そういう的確な電報を打っているんです。実際、関東大震災の時も、火災が何日も続いて、あっちではまだ燃えていても、こっちは燃え終わっていると、もう人びとはバラックの家を建ててそこで商売しているわけです。民衆というのは、そういうバイタリティ、生活力をもっているんです。だから非常に的確な助言です。ただちに街路を決定して、そこには家を建てさせるなと。その前に六か月間、東京にいたから、じつに的確な助言をしています。

そういう印象から、私は勝手に町つくりの専門家だと思っていたんです。ところが、ニューヨーク市立図書館に行って、チャールズ・オースティン・ビアードと、古いタイプライターみたいな検索機械で打ったら、彼の文献が八十三件あると。あそこはパスポートも何もなしに本を借り出せて、そこの閲覧室で見るんです。それで五件ぐらいカードを出したら、五分か十分待つとでてくるん

★鶴見祐輔（一八八五―一九七三）。後藤の女婿。作家、政治家として活躍し、『正伝 後藤新平』を執筆。

です。すごいシステムです。それを、昼食もとらずに、私は閲覧室で読みふけったんです。陶然となって、うっとりして、一日読みふけったわけです。ろくに英語もわからないんですけれど、だいたいの文意はわかりますから。

そうすると、八十三件全部、都市計画の著作は一件もないんです。すべてアメリカ外交問題です。要するに論調は、「アメリカはアジアを植民地にするな」というものです。イギリスや、フランスや、ドイツや、オランダと違って「友好的に接するように」と、そういう論調なんです。

それで、東京市そして東京市政調査会で後藤新平の下で働いた田辺定義さん（当時一〇八歳）に確かめたわけです。「ニューヨークに行って、ビアードの文献を読みました。ビアードは外交史の専門家で、友好的にやるべきだという信念から、東京市にたいして的確な助言をしたと、そういうふうに私は受けとめました」という手紙を田辺さんに出したんです、大きい字で書いて。田辺さんのところに行ったら、待ち構えていて、君のいったとおりなんだよ、と田辺さんがいったんです。とにかく、鶴見祐輔★さんが最初にビアードに話をつけてきて、六か月間東京に来てもらい、助言してもらったのは、そういう信念からだったと。

しかし一九二九年に後藤新平は死んでしまい、その後、日本は中国侵略をしはじめた。それから田辺さんたちがニューヨークに行ったら、ビアードは会ってくれなかった。アポが取れなかったそうです。ビアードは、アジアにたいしてアメリカは友好的であるべきだという考え方だから、コロンビア大学を追われた。アメリカの政策と違うということで追われて、ニューヨーク市政調査会の常務理事をやっていたのは、彼にとって不本意なんです。自分の専門の外交史と関係ないから。それでも彼は信念を貫いて、東京に助言した。それなのに、今は日本が侵略しているじゃないか、植民地化しようとしているじゃないかと。そんな連中に会えるかといって、きっと彼は会ってくれなかったんだというふうに田辺さんは受けとったと。

後藤新平はいい人に恵まれたんです、チャールズ・オースティン・ビアードという。

――ビアードはだれが見つけてきたのでしょうか。

青山　連絡役は鶴見祐輔が担っていたようですが、それは後藤のネットワーク力ですね。後藤のグローバルな能力というのは、**生きた国際性**をもっていたんです。歳を取ってからドイツに留学して、三十過ぎてから苦労をしても成果がなかったから、それが逆によかったのかもしれない。たぶんそれで、無条件の海外崇拝主義者にならなかったんです。

5 近代日本の「もう一つの選択肢」

個人で世界とわたりあう

――御厨さんは、後藤の東京市長時代をどうお考えになりますか？

御厨　後藤新平が東京市長になったのは、原敬内閣のときです。[★]東京市長になるときは随分みんな反対するんだけれども、それでも彼が引き受けたのは、やはり都市をデザインするという魅力に彼は魅せられていたのだと思いますね。こんな東京ではだめだとの直感があったのでしょう。彼は、それこそまた手勢を引き連れて東京市役所に入っていくわけです。

そこでも彼は、東京市にとって必要なのは市のことを本当に考える人間だ、と人材を大事にする。やはりこれも人材養成なんです。人をつくらなければいけない。東京市の場合は現場の職員が多かったですから、この**現場の職員をどうやって育てていくか**ということを考える。従来は、市役所の人間を教育するなんて思わない。もう因循姑息にやっていたわけです。それを、そうではない、

★大正九年（一九二〇）十二月十六日。東京市政の腐敗が問題になる中で、原敬、渋沢栄一らの説得を受け就任を受諾した。

★ヨッフェ来日時には、右翼の暴漢が後藤宅を襲い、室内を破壊したうえ、嗣子・一蔵に怪我を負わせた。写真は破壊された室内の様子。

彼らこそまっとうに育てなければいけないとの逆転の発想になる。さらに、人材のダイナミックな登用をやっていかなくてはいけないと考える。

先ほどのチャールズ・ビアードを連れてきたのも、同じことですね。彼はニューヨークの市政調査会にビアードがいるということを鶴見祐輔を通じて知って、それを三顧の礼で東京市政の顧問に迎えるわけです。みんな当たり前のように書いていますけれども、ニューヨークの市政調査会の常務理事をビアードはやっていたわけですよね。忙しいでしょう、向こうのことだけでも。それを日本に、しかもわざわざ東京に来てくれるというのは、普通ないですよ。

多分、後藤が東京市長になったことが、知れ渡っていたのだと思いますね。内務大臣や外務大臣をやった人が市長になったという形でね。アメリカの場合は、**閣僚ポストにいた人が市長をやる**ということに違和感を覚えぬ世界ですから。日本の場合は「格落ち」と見られますよね。だけど後藤は、格落ちなんてことは全く考えない人だから。さっきも言ったように**仕事が大事**なんです。それで恐らく肝胆相照らすものがあって、ビアードは来たんですよ。

——その後、ロシアのヨッフェも後藤が私費で呼んでいますね。

御厨　アドルフ・ヨッフェを呼ぶ★ときには、東京市長であるとまずいというから東京市長を辞めるわけですからね。これは、言われるんですよ。国交のない国の人なのだから、こちらは肩書きのある立場で呼んでもらったら困る、と。そうしたら、ヨッフェの招聘をやめるかと思ったらそうではなくて、東京市長を辞めてしまった。東京市にはもう彼の弟子がいたから、あとはそいつらがやればいいというので彼は市長を辞める。★彼の発想からしたら、ヨッフェとの交渉の方が大事ですから。これは俺にしかできない、と。後藤のそういうところを今まで、みんな見ていないんですよ。

そして、最晩年になると、すでに二度の脳溢血を起こしていたのに、**命をかえりみずにソ連に渡って、スターリンとの会見**を果たします。そのときに後藤が**国際的な評価**を得ていたんだなと思うのは、あのときの後藤には、これまた肩書きがないんですよ。「後藤新平」なんです。「後藤新平」として、国家の元首のスターリンと会ったわけです。政府的な肩書きはないんですよ。日露協会の会頭であるとかというのは、民間団体ですからね。

一方ではビアードをアメリカから連れてきて一緒に仕事をし、他方ではやはりロシアとの関係でヨッフェを呼ぶ。そしてスターリンとは私人として会見する。結局、彼にとって〇〇大臣をやったという名目は関係ない。もちろんその大臣としての仕事はやるけれども、それは「後藤新平」という個人がやったんだということなんです。ここですよ。今の人たちはみんな、局長や次官、大臣になって、肩書きがつかないと仕事ができない。彼らはいずれも、局長、次官、

★後藤が東京市長を辞めた大正十二年（一九二三）、後を継いだのは、三助役の一人の永田秀次郎である。

大臣と職名で呼ばれ、個人名で呼ばれないのが象徴的です。後藤はそうではないんです。

もちろん、それまでの業績という根があったからでしょうけれども、しかしなかなか肩書きなしでやれる人はいませんよ。そういう人間をこそ、日本はこれからつくらなければいけない。つまりバッジや肩書きをなくしてからの方が本物であるということです。

みんないま天下りとか何とか騒いでいますが、天下りをして、まだ肩書きが欲しいのかという感じです。辞めたらそれまで蓄積したもので、自分で食っていけばいい。自分で食っていくということは、自分の名前で食べていくんです。それは、二十一世紀の日本にとって重要な課題だと思いますよ。後藤新平に、既にその例はあるわけだから。

「一に人、二に人、三に人」

——後藤は「ビスマルク★はかく言えり、『一に金、二に金、三に金』と。我は言う、『一に人、二に人、三に人』と」と言っています。言うだけなら誰でも言えますけれども、彼は実践したんですね。

★後藤はドイツ留学時代にビスマルク（一八一五—一八九八。写真）の社会保障政策、外交政策を学んだ。

1927年、最晩年の訪露の折。カリーニンらとともに。

御厨　後藤は**日本の旧来の常識とは違うことをやった人**なんです。日本社会は、基本的にコンフォーミズム（大勢順応主義）ですから、それを認めたくないのですよ。だから今までの後藤に対する見方はものすごく偏っていました。「大風呂敷」と揶揄しながらも、それをあまりに小さいところに封じ込め過ぎた。いま生きるんですよ、彼のそういうところが。

——これから環境問題をはじめとして、国境を越えることが必然的な問題になってきています。その中で我々のような島国では、どうしても閉ざされた見方で見ますけれども、そうではなくて逆に世界に開かれた日本を、また日本人をつくり出していかないと。そのときに後藤新平というのは、非常にいい指針になりますね。

御厨　近代日本に後藤新平みたいな人間が出たのはすごいと思います。やはり後藤は**近代日本の「もう一つの選択肢」**だったんですね。今まで主選択の方ばかり言われていたから消えていたこの選択肢を、ここでもう一遍照射すること。それが、日本の今後のあり方に大いに参考になるということだと思いますね。

——いま何か公共的なものを考えようとすると、必ず多数決でやるか、二つの利益をあんばいする、つまり足して二で割るかの、どちらかになってしまいますね。

御厨　それでそのどちらをやっても、結局不満が残る。だから、後藤の示した「公共」というものは、なかなか言語化しにくいのだけれども、要するに**既成の**

論理でやらないということでしょう。出雲大社駅のように、正三角形で場所を決めてしまうというのは意外な発想であって、だれも考えない。でもそれで通ってしまう。みんなあっという間に通ってしまうみたいなことですよね。やはり、それがある種本当の知恵なんだと思いますね。非常にクリエイティブな知恵の出し方ですよ。みんな大概の場合、やろうとすると既成のやり方、それは多数決か「足して二で割る」かどちらかだった。これは本当は、やり方としては非常に拙劣なわけです。やはり意思決定のやり方そのものを、考え直さなければいけないわけですね。そういう、いわば根本的なところが後藤を見るときに問われているわけです。

——原と後藤の対比でも、後藤のおもしろさというのはそこに出てきますね。

御厨　原が「後藤は本当に政治家としては幼稚で、こんなものは手もなくひねられる」と言ったのは当たっていて、後藤はその世界にいないんだもの。ひねられていいと思っているわけだから。そこなんですよ。

——電力にせよ放送にせよ、後藤が「公共」のものとして開拓したものが私物化されてきた近代史という感もありますが、国鉄はどう考えたらいいでしょうか。

御厨　国鉄は民営化によって、ある種の公共性が失われたんですよ。そのかわり市場原理に則ってということになったから、どんどん土地は売るわ、建物は売るわ、ということになっています。今の鉄道には、これから新しく発展する要素はないわけですから。そうすると、市場主義でもうけていくしかない。もちろん「公共」の上にあぐらをかいていた悪しき組合運動は、これまた悪しき経営者と共になくなりました。その点は評価できるでしょう。

——結局、多数決や足して二で割る時代すら終わって、後に残ったのはもう経済原則しかなかった。前首相が金科玉条のように「郵政民営化」をやっていたけれども、それも問題ですね。

御厨　公共性の議論がされないまま、どんどん民営化されているわけです。全部民間でできるというけれども、民間でできるかもしれないけれどもやはりその後ろにある精神みたいなもの、それをどう考えるかということは一切問うていないわけです。後藤が問うたものは、恐らくそこだから。

——でも後藤は恐らく、自分が公共のものとして打ち立てたものが私物化されることを見通してもいた……。

御厨　だから彼は、最後には人材を育てようとしたんです。やはりそれを食い止めるのは人だということですね。それが先ほども言ったように、帝国大学の

体系から出てこない人材をということですよ。

――そう考えると「一に人、二に人、三に人」というのは……。

御厨　そこに非常に意味がある。

――……意味深い言葉ですね。どうもありがとうございました。

（了）

Ⅱ

後藤新平 最晩年の「仕事」

東海隠史

「政治の倫理化」演説会（青山会館にて）
（後藤新平記念館提供）

偉人と遺産

昔から英雄とか偉人とかいわれる人が死ぬと、何かしらこの世の中の利益になるようなものを遺していってくれる。後世の人間がその遺産に拠って幸福を増進する途が拓かれている。楠正成や西郷南洲や乃木大将のあの素晴らしい気魄と感激は、久しい間大和魂の肥料となった。鼠小僧や国定忠次はある種の社会では世直し様といわれたくらいでこれも見様では近世社会主義の種播きともいわれぬことはない。東洋第一の歴史家太史公は此著を名山に蔵めて知己を千載の下に待つといった。孔子の遺産は孟子が掘り当てた。マルクスの遺産はレーニンが掘り当てた。それほどでなくとも、尠くとも人傑が死んだ後には何か社会に有益な最小限度に割引して見ても何らかの暗示を遺して行くものだ。ただその遺産が、時代によって変り、環境によって変り、精紳的な遺産もあれば物質的な遺産もある。人間の思想も変化して来ると宝の意義もいろいろに考えられる。

国民大衆は飢えている

どれほど大きな遺産――宝をこの世にのこしても、その時代の要求が伴なわなければ三文の価値もなくなる。心の糧と肉体の糧とは全然別なものだ。現代の日本のような空腹国民に向って、釈迦の説法を聴かせたり、孔明の出師の表〔北伐出発前に蜀皇帝に奉った忠臣ぶりを示す名文〕を読んだり、カントの哲学を講釈したって無意義である。国民の大多数が飢えている。詩を作るより田を作れだ。日毎の新聞紙は強盗の記事と生活難で自殺した記事を揚げない日は稀である。国民懸倒、瀕死苦悩の地獄の絵巻は無遠慮に公開されている。加うるに法令雨下して盗賊いよいよ滋く、治安維持法出でて暴力団の横行は益々はなはだしいというのが今日の我国の社会相だ。原因は極めて明瞭だ。要するに国民大衆が飢えているからである。

大借金を背負い込んだ日本

明治大正過去の人物、伊藤、山県、桂、星、原、加藤、それぞれ日本の偉人であろうが、不幸にして彼等の遺して行った多くの遺産は相続人が放蕩息子（ドラむすこ）だったために今では滅茶滅茶に散財されて殆ど破産してしまった。軽薄な時代謳歌者にいわせると、我国は今や東洋一の文化国であり、世界五大国の一に列している。日清日露の戦争に勝ち、世界大戦に参加して重要な立場を獲得し、皇威を八紘に輝やかして、小日本をしていきなり大日本にならしめた。生産工業は勃興し、文芸美術は進歩した。論より証拠これ以上大なる収穫はないといっているが、実際の内容を調べて見ると、戦争はいわゆる一将功成って万骨枯るで、徒らに空名を馳せた代りに大借金を背負い込んだ結果になっている。算盤外れの戦争や猿知恵工業を無闇に興して、損失に次ぐに損失を重ねた結果が、今日の経済的行詰りになったのだ。海に十億円の軍艦があっても、陸に文無しの人民がウジャウジャしていたんでは仕様がないではないか。

飯が食えないので、骨肉相食みひしめき合っている日本のこの社会に、突如としてモンテクリスト伯のような不思議な金を撒（ま）く人は出ないものか。現代の日本はいかなる精神的大人物よりもモンテクリスト伯のように宇宙を黄金化するほどの遺産を掘り当てて、それを撒き散らしつつ正義のために戦い、貧乏と悪魔を退治（やっつけ）てくれる人の出現を翹望（ぎょうぼう）して止まないのだ。

不思議な存在であったファリヤ法師は日本の何処かにいないだろうか。何処かに隠されてある宝を掘り当てて、その力で日本の建て直しをしなければならない時が迫っている。

後藤伯の大風呂敷

私は晩年の後藤新平伯とはある縁故からかなり近しくして頂いた。といっても私は別段後藤伯の政治上の仕事のお手伝いをしたわけではない。又、赤の他人である私は後藤家の方々とは何らの関係も無い者である。私は無位無官、金もなければ地位も無い一個の閑人である。その無関係な閑人である私は折ふし後藤伯の話し相手を命ぜられる光栄に浴したのだった。話し相手といっても、ただそれは聴き役である。ある時は広い応接間で、ある時は温泉宿の二階で、ある時は名山の僧房の広座敷で、後藤伯は名高い鼻眼鏡を揺がせながら滔々懸河の弁を揮（ふる）って天下国家を論じるのを、私は謹んで拝聴し時に静かに合槌を入れるくらいが関の山であった。

私は前段に於て、偉人の死するや必ずそれ相当の遺産のあることを証明し、現代の日本の国民が渇望している宝が何であるかをいった。

第一等の異色の人傑

後藤伯は、明治大正昭和を通じて最も異色ある人傑であった。政治家としては第一等の素質を有っていた。しかし伯は到頭総理大臣にならなかった。皮肉にいえばなりたくてなりたくて溜まらなかったけれども総理大臣になれなかった人である。政党の総裁にもなれなかった。けれども、総理大臣になれなかったことが後藤伯の真価を下げはしない。それは実質よりも環境の問題である。時の関係である。政治家後藤新平の全幅は総理大臣のだれかれよりも数等上格であっても下ではなかった。

後藤伯が総理大臣になれなかった理由は環境と時の関係であるが、それをもう一つ具体的にいうと、後藤伯は現代の政治家として余りに飛び離れた遠大な政策を考えていた。それが小役人型の大臣級やモグリの請負師みたいな代議士どもが跋扈跳梁している現代では何だか現実離れのしたような感じを与える不利益が伴っていた。世間ではよく後藤の大風呂敷と評したものだ。けれども本人にいわせるとまだ一度も大風呂敷を広げて見ない。内務、外務、逓信、満鉄、台湾、東京市、何処でも気持よく大風呂敷を広げたことはない。それでありながら世間が大風呂敷と評するのは、その者の風呂敷が余りに小さいからである。又世間は後藤伯を脱線家といったが、彼はまだ本当に脱線した経験はない。一体掛け声は盛んだが出足は割に正確な人だった。

伯の思想は唯物史観的

大風呂敷といい、空想家という風に観られていたが実際はその反対である。元来後藤伯は医者の出身だけに何処までも科学的な頭脳の持主だった。その政策は科学的であり合理的だった。新しい言葉でいうと彼の思想はよほど唯物史観的であったので、ある頃などは後藤は赤化したのではないかといわれたことさえある。従って彼の得意とするところも概ね技術功用の方面で、科学の利用から学問の傾向も唯物主義に偏していた。人物を採択するにもその人の人格や天性ということよりも、技術や手腕をとり、政治上の考察も現実から離れてはいなかった。例の倫理化運動なども外面から見るとその以前の彼とは正反対の行動のように見えたが、真の目標とするところはやはり科学的であり少なからず唯物主義的だった。政治の倫理化運動は最初のプランに拠ると、国家建直しの叢書とでもいうべきパンフレットの連続的出版計画であって、全部で二十四冊を一ケ年間に出してしまうはずだった。ところがいざとなると都合の悪いことも生じて来た。鉄道事業や、電話事業や、政党問題や、教育事業などは大して面倒もなかったが、肝心の大問題である日本国民への現実の大遺産とすべく後藤伯が考え抜いた極秘の大政策を、薮から棒に国民の前へさらけ出すとどうも変なものになる憂いがある。伯の理想とする大調査機関でも組織されてすべての専門家の研究に掛けた上ならいいが、単独の私見としてテーマだけを荒削りで抛（ほう）り出したのでは権威も薄かろうという心配があったので、パンフレット続刊は中止にして、単に倫理化運動一本槍で押し切ることにしたのだった。そういうわけで最後の目的はむしろその奥にあったのだ。

政治の倫理化運動は世間も知ってる通り失敗に終った。それは単なる一冊十銭の本となって講談社から発行されて俗悪な大広告が人目を驚かしたくらいに過ぎなくて何ら実質上の収穫はなかった。それでも伯は青山会館を振り出しに全国を行脚して、政治の倫理化運動の傍系として普選準備会を組織したりしたが、大体にてすべてがヘマにいってまとまりが付かず、結局伯が桜田町の本邸と本村町の地面を担保にして勧銀から五十五万円借りてそれで倫理化運動と普選準備会の跡片付けをして幕になった。

倫理化運動の稚気と愉快

けれども、これだって見ようによれば満更捨てたものではない。大体政治の倫理化は元亀天正以来の斬り捕り強盗式を脱していない日本の政界では無理である。その無理を見越しながら後藤伯くらいの元老級の政治家が素っ裸になる覚悟で、浅草公園の万歳式に大衆の前へ踊り出したという点は、これを彼の稚気ばかりと見ては気の毒だ。他の同階級の元老や富豪達の財布の尻ばかり固くして只管後生（ひたすらごしょう）を願っている連中と比べるととにかく後藤のやり口は愉快で、社会に何らかの刺戟は与えたに相違ない。

後藤新平伯がどういう人であったかということを話すのが、私の目的ではない。偉人が死ぬと必ず何かの遺産を社会にのこしてゆく。後藤伯の遺していった遺産は果してどんな物であるか。伯が生前考えていた大国策、いわゆる国家建直しの政策とはどういうことであるか。日本の空腹国民がそれに拠ってどの程度に救われるか。後藤伯のいわゆる大風呂敷の内容、まだ一度も人の前へ開けて見せない極秘の玉手箱をそろそろ公開してお目に掛けようと思う。

水産事業の国営

温泉で有名な伊豆の伊東では、漁業がある形式で村民一同の権利となっていて、それが入札によって売買され、この収入を村費に当ててなお余れる分が一戸当り数百円ずつ分配されるそうである。本年〔一九二九年〕四月頃の『時事新報』には伊豆白浜村の状態が紹介されていたが、この村では魚族とテン草を村民が採取し、その幾割かを村役場で公費に宛て、余れるものは各戸へ分配しているが、一戸当り毎年二百円くらいあるということだった。

東京府下葛西村〔現在の東京都江戸川区〕のはずれ、大利根の支流である江戸川の吐き出し口では、浅草海苔の採取が盛んなところであるが、これも公費を支弁した上相当の分配金になるそうだ。全国的に調査して見たらまだ他にも随分そういう村があるに違いない。

後藤伯の調査して考えたところに拠ると、日本は別に驚くことはないのだ。水産事業を国営にすれば、毎年度の予算総額だけの利益を上げて行くことはなんでもないそうである。

他の漁業は別として、単に捕鯨事業だけでも優に十億円以上の利益を挙げることができるのである。専門家の研究に拠ると朝鮮海峡を通過して太平洋を横断する巨鯨の群は一年間に三十万頭を超えている。その鯨群はある地点に至って殆ど全部ノルウェーの捕鯨船で捕られてしまうが、この巨鯨は恐らく日本人の手では一頭も獲られないのである。それは日本には立派な捕鯨船が一隻も無いからである。実にばかげた、勿体ない話だ。巨鯨となると一頭約一万円程度の価格である。朝鮮海峡を通る奴を全部捕獲すれば三十億円の収入があるわけで、日本の国は鯨だけで立派に立ち行くことになる。

地球に棲息する巨鯨の全数は少なく計算して約三千万頭ある。海は陸の三倍大であり、鯨群は黒潮に乗り、餌を追って世界中を絶えずグルグル廻って歩く怪物だ。鯨は毎年百万頭捕っても滅多に種切れになるべきものではない。しかるに、時の為政者はどうしたわけか、明治四十二年〔一九〇九〕十月農商務省令第四十一号をもって鯨漁取締規則を発布し、同時にこの取締規則に因り、我が国の鯨猟汽船の数を三十隻以内に制限してしまった。その目的とするところは、鯨属の繁殖を保護するとともに漁業の秩序を維持するということにあった。同時に遠洋漁業奨励金の下附も廃止を見るに至った。

これは考えて見ると実にばかばかしいことで、不必要にまで鯨の保護を勤めているというだけで、みすみす宝を見のがしているのだ。最近は捕鯨船の数も法定数の三十隻に達したが、これまでにするには容易に新造を許さなかった。捕鯨船を一隻新造することを政府へ運動して認可を取ってやれば捕鯨会社から数十万円の報酬を受けられたくらいだ。しかしこういう風だから現在ある捕鯨会社は皆健実な発達をした。現今日本の捕鯨会社としては東洋捕鯨会社、大東漁業株式会社、土佐捕鯨株式会社、藤村捕鯨株式会社、遠洋捕鯨合資会社の五会社があるが、いずれも非常な好成績を挙げている。

けれども、捕鯨事業を、国家的見地から観る時ははなはだ微々たる成績である。現在の日本の捕鯨船はことごとく旧式の小さなつまらぬもので、ノルウェーの捕鯨船に比べたらお話にならぬ。現在の日本にある捕鯨船では小鯨だけしか捕れないのだ。その小鯨を年にわずかに千五百頭くらい捕獲しているに過ぎない。巨鯨を捕るのにはそれだけの設備のある船が必要なのだが日本には一隻も無い。

一体鯨を捕って何にするのかというと、日本では食料や肥料にもするが、欧米では食料にはしない。骨も肉も鰭(ひれ)も海中に捨ててしまって油だけ取っている。日本では鯨全体少しも棄てずに金にする。鯨油の用途は種々あるが、この油からニトログリセリンが出来る。このグリセリンを混入しなくては強力な爆発薬は出来ないのである。

とにかく、鯨を捕れば大層な国富である。この一事だけで国礎を定め得るほどの有利な事業が、現在のような児戯に類する小規模な殆ど問題にならぬ程度で経営されているのは実に情ないというよりもばかばかしいことである。詰るところ政治家や役人が無知識である結果である。

政治家・役人は無知識

日本人の鯨についての知識がいかに貧弱であるかを証明するに都合のいい笑話がある。先年東洋捕鯨会社が金華山沖で捕獲した小鯨の腹の中から大きな真黒な石塊然たる一物が出た。するとその船に新知識のハイカラな社員がいて、この人が米国で出版された鯨に関する伝奇小説を読んでいたので、真黒な石塊然たる物が大問題になった。その社員の説明に拠ると、この真黒な物を乾燥させて置いて、少しずつ削って呑むといかなる難病も即治する奇薬となるものだ。米国ではある漁夫がこれを獲ってたちまち千万長者になった事実があるというのである。さあ大騒ぎになり、百万頭の鯨の中にわずか一個しかない宝物だということが伝えられて、会社ではそれを錦の袋の中に納めたりして大切に保管した。農商務省や外務省の役人達も態々その宝物を拝見に出掛けたものであった。ところが、後でノルウェーの捕鯨技師に鑑定させると、これは沢山あるもので、ブルンバイと名づけられているが、実は鯨の糞の塊りだということが判明した。奇薬どころか屁の役にも立たぬ代物であることが証明された。鯨の糞の塊りを錦の袋へ納めたり、それをわざわざ政府のお役人が御宝拝見と罷り出たんだから大笑いだ。が、大体日本人の鯨に関する知識は専門家という手合がこの程度だから呆れたものだ。

後藤伯のいう水産立国策は先ず爰に着眼して、第一着手として捕鯨事業を官営にし、ノルウェーのような優秀な捕鯨船をドシドシ建造してこの海洋中の無限大の宝物を日本で拾えというのである。ついでに後藤伯の水産事業一般に対する説明を御紹介しよう。

日本は海国であるから先天的に日本人は漁業に長じている。それともう一つ、日本人は下駄を履き、箸で飯を食うので、足の先と手の先の働きに掛けては世界一であり、この特徴が漁夫たる資格に大いに適している。元亀天正時代〔一五七〇～九一〕戦場討ち洩らされの武士が至るところの漁夫を煽動して扁舟で荒波を渡り、常時の暹羅には八千人からの日本人街が出来ていた。山田仁左衛門、津田又左衛門、木谷久左衛門、呂宋助左衛門等の傑物がいた。彼等は漁夫もしくは船頭の力を借りて遠征し、略奪や海上貿易で奇利を博した豪傑どもだ。この他にも裸体で四百余洲を震駭させた無数の倭冦の勇者がある。史実の証明する如く、日本人は元来冒険心に富み、海洋に親しみを持ち、遠洋漁業に従事する素質を多分に有っていた。それが一朝徳川幕府の鎖国令に禍されて消極的になり維新開国以後も海外発展力乏しきが如くに見られたが、日本人の天性はそうでないのである。

水産大競争時代がやってくる

世界を大局から観察すると、各国人はあらゆる科学の力を応用し、資本の力を尽して、アフリカの蛮地でも、極地の南北までも、地球の陸地に於ける富を掘り出すことに熱中している。今日の状態で押し進むと、近い将来に陸上の宝は枯渇してしまって、必然的に水産の大競争時代が出現することは明確なことである。水産事業ほど将来大きな仕事はない。後藤伯が昔世話してやったことのある台湾人が偶然のことから基隆(キールン)で珊瑚を採取して成功しているが、段々調べて見ると、珊瑚礁というものは従前の学者が思ったよりも遥かに大きなもので、その礁脈は基隆の沖から小笠原群島を経て四国に亘っているものであることが判明した。今日ではこれを採取するのに小さな網に引っ掛けて、わずかに小枝を折っているに過ぎないのだが、もしこれを大仕掛な方法で、海軍が捜海する時のような方法で採り揚げれば、世界でまだ見たこともない珊瑚の櫛や簪(かんざし)なども出来ていろんな美術作品の原料の上に世界的革命が来るであろう。

ある航海者の発見に係るもので、北海道から金華山沖に亘って海底に驚くべき昆布状の海藻の何丈もある大きな草が簇生(そうせい)していて航行の邪魔になるが、採るには量が多過ぎるから大変であり、採っても直に簇生する非常な繁殖力である。試みにこれを採って乾燥して置いた物を綿に製して見たら、面白い糸が出来て、それで布を織らせて使用実験すると、完全に湛水力があってレインコートにでも作った日には恐らく世界一であり、その量に於ては正に無限大だから、インドから米国や日本へ輸出する綿などはたちまち駆逐されてしまうだろう、というような問題もある。

こういうわけだから、どの方面から見ても日本は水産立国が立派に出来る素質や条件を十二分に具備している。これを上手に経営すればその国富だけで政府は財源が有り余ることになり、国民は苛斂〔過酷な〕請求を免がれることが出来るばかりかうまくいくと一人当り何千円かの配当金を頂戴することさえ不可能ではない。しかるに現代の政治家はありもしない国民の懐を絞ることばかり考えていて国家永遠の策に就いては無頓着である。先年後藤伯が高齢病後の身をいとわず大寒を冒して日露漁業条約改訂のために露都へ行ったことなど思い合せて見ると、伯が如何に水産事業に熱心に着目していたかを想像することが出来るだろう。最近の例の日魯漁業の問題堤清六対島徳の醜悪な喧嘩なども後藤伯が生きていたら起らなかった事件であり、よし起ったとしたところがああまで双方醜態を曝露して国民の不信用を買い、独り露国をして漁夫の利を得させるような馬鹿なことにはならなかったであろう。

電気事業の国営

仁丹の本舗で自家製体温計の広告をしている文句の冒頭に、国債六十億円、十年間の輸入超過が四十億円、これでは国が亡びるから体温計は仁丹の国産品を買い給えといっている。

電気事業の日本の投資総額総四十億円に達せんとしているから、日本の事業の第一位であって、投資額は実に大国債に次いでいる。陸地が狭くてすべての原料品の無い日本は、良くしたもので造化の天恵があって、水電国としては世界に冠たる資格をもっている。しかるにどうだ。電灯電力の使用料の高いことは世界一である。どう考えても理屈が合わないじゃないか。

高すぎる電気使用料

現代のあらゆる産業や機械工業はことごとく熱と光の力が基になっている。あらゆる科学文明がそこから築かれている。しかるにこの光と熱を供給する電気の使用料が今のように法外に高くてはいくら労働賃金を下げて見たところで産業は発達しない。電灯電力の使用料は、少なくとも現在の四分の一に引き下げなくてはいけないのである。それは不可能なことではないのである。

鉄道の電化は今や時の問題だが、電力の使用料が現在の四分の一になると、乗客の賃金は半減又は三分の一になる。豆腐屋で使用する電力が四分の一に下ると豆腐は一丁五銭のが三銭になる。かくしてすべての産業は沛然たる雨〔大雨〕に逢って蒙乎として台頭する草木の如くに勃興して来よう。政友会でも民政党でも、産業立国の看板を同じように掛けて叫んでいるが、いくら空に叫んでも騒いでも、肝心の原動力である電気の使用料を四分の一まで引き下げない限りは無駄である。電力普及は都会だけの問題でなく農村振興の上にも土台となるものだ。一般農業に対する電力使用、あるいは製茶でも養鶏でも電力を必要とする。

都市も農村も電力が必要

農村電化の声は随分久しい前から聞かされているが一向実現されて来ない。せいぜいランプが五燭か十燭の暗い電灯に変ったくらいのもので、農業上には少しも応用されていない。理由は説明するまでもなく電力使用料が滅法高いのでとても百姓等には使い切れない。電力の料金が四分の一になったとすれば、宣伝する必要もなく日本の農村はたちまち電化されて、肥料の根本である空中窒素も沢山取れて海外から肥料を輸入する必要は無くなる。そうなると国民生活は実に楽になって少なくとも今日の半分の収入で暮らせる世の中になる。産業が振興するから失業者が無くなる。生活難で一家心中するような惨鼻な世相は昔の夢となるだろう。しかるに多くの為政者がこの根本問題を解決しようとしないで徒らに産業立国を叫ぶなどは、泰山を挟んで北海を超ゆるの類である。

日本は何故こう電力が高いか。元来水力は天恵物である。その天恵物に少しばかり人工を加えるとそれが熱となり光となり力となるのだから、勿論油や薪や炭より安かるべきものである。そうしてそれは各人に普遍的に恵まれなければならぬ性質のものだ。日本ではそれがすべて反対にいっている。今からその原因を糺（ただ）して見よう。

公徳心を欠く資本家

水力電気会社の総資本額はまさに四十億円に垂々（なんなん）として、十年後には七十億に達するだろうといわれている。日本のシミッタレな資本家どもがこの驚くべき投資を敢行したのは、要するにばかに儲かる独占事業と考えたからだが、しかし、資本家に公徳心が欠けていると、真面目な事業も不真面目になり勝ちなものである。四十億円という資本金は恐らく四分の一の十億円でも安くなるものかも知れない。手近い例が、東京電灯会社の資本金だけで五億何千万円というばかげた数字であり、尚その上会社は五億の社債を負っている。現在東京市の厄介者になっている電車は、その昔わずか数百万円で出来ていたものを市民の遠い将来までの財源をつくるためだという口実の下に、それを一躍一億円にも買い上げたのである。最初の評価が全然桁外れである。だから爾年何年経っても収支償う時がない。

日本のあらゆる事業の中でも電気会社の資本は飛び切り法外に高く評価されている。水力電気は政党の党費の捻出所とされていて、その利権は驚くべき高いものに計上されている。

伏魔殿たる電力利権

いろんな人間がこれに絡み付いて不正な利益を貪ぼるところの伏魔殿になっている。それに日本人の悪い癖で経験の乏しい事業に対して野放図に大工事を進める。一方請負師は遠慮なく不正工事をし、官吏でも会社員でも賄賂で殺して泥棒同様の太いことをする。こういう風で何から何まで無駄な金が掛って結局始末の付かぬものになってしまった。ために水力電気は天恵物でも何でもないものになって、徒らに事業の資本ばかり大きくなり、その結果が今日の如き世界に比類のない高価な使用料を徴収しなければ会社の経営が成りたたなくなってしまった。すべて公徳心の無い国の政治家や事業家のすることは知らず知らず国家と国民を食うことになり、ちょうど蛸のように最後には自分の手足を食い物にして死ぬのであろう。

数年前から政府は電力統制審査会を組織して審議をさせているが、根本的に電力国営から出発しない限りは、いつも小田原評議でおわるのは明瞭なことで、いつまで待っても使用料の下りっこはないのである。

日本の国礎を立て直すには、是非とも水力電気を国営にする必要がある。而してかなり正確な見積りに拠ると現在の資本総額の四分の一に評価するのが至当であり、従って使用料も四分の一に軽減することは楽である。国民は如何なる犠牲を払ってもこの天恵物にして偉大なる財産である水力電気事業を国営にして産業振興を図らなければならない。以上が後藤伯の電気事業国営論の概略。

取引所国営

現代の大モンテクリスト伯の現われるところ無限の黄金が生れて来る。後藤伯がひとたび打出の槌を振ると、無数の財源が飛び出して、ちっぽけな日本の財政くらいは立ちどころに救われてしまう。

あえてどれに限るというのではない。後藤伯の考えていた大国策の中の一つでも実現すれば、日本国民は生活難から救われるのである。

後藤の大風呂敷という。けれども、後藤伯のいうことには、実行不可能のものはない。ただ、議論が余り遠大であったり、数字が余り桁はずれであったりするために、俗物の耳には何となく法螺のように感じられたりするだけであって、立論には必ず深い根拠があり、科学的調査が伴なっていることは前にも述べた通りである。取引所国営論なども着眼が頗る奇抜で未だ何びとも唱えたことのない問題だが、実行は実に易々たることである。

大正十一年（一九二二）八月二十五日の『朝日新聞』に、石井定七（さだしち）（一八七九―一九四五。横堀将軍の名で知られた相場師）が失敗の経過とその告白という記事を載せている。大正七年（一九一八）から八年へかけての石井の財力は日銀そこのけの偉大なものだった。

「私の一番儲けたのは大正八年の春でその時少なくとも七千万円くらい儲けた」と当時定七は親近者に語った。その七千万円は何処から石井の懐中へ流れ込んだか。北浜株式、三品、堂島、綿糸、鉄、銅、あらゆる投機の的中から大河の決する如く定七の掌中に金が集った。

大正八年末の郵船の配当だけでも、一期に二十七万円を受け取って関西の投資家連をあっといわせた。

当時石井の持株は全国に跨がり、大阪取引所の株だけでも十万株、大阪電灯の株が三万株、久原の銅の片替わりには一挙にして百七十万円を利し「どうだすちょっと首を捻ったらこんなもんや」と豪語した。この話を耳にした連中は頭がフラフラになってしまった。こういう記事が載っていたが、末路の哀れさは人の知る通りだ。

成金という標語は今でも通用するばかりか大抵の奴がそれになりたがっている。乾新兵衛、久原房之助、さては大倉であれ、三井であれ、三菱であれ、元を糺せばいずれも成金である。石井定七と同様の経路を辿って来たものだが、それが運良く安定したに過ぎない。ただ、成金になる経路も時代とともに異って来て、昔の成金は顕官〔高官〕と政府とで作ってやったものが多く、あるいは土地成金、鉱山成金、船成金と種類もあるが、どんな成金でも取引相場の影響を受けていない者はない。

相場事業を政府財源に

取引所相場が一国の経済界に必要であることは無論だが、しかしこれは薬に譬えて見ると劇薬のような物だ。一方で非常な危険が伴っている。薬でも劇毒薬に取締りがある如く取引所相場も大体に於て取締らなければならぬ性質の事業だ。

後藤伯は、この相場事業を国営にして、それに因って生み出した利益を以て水力電気を国営に統一することを考えていたのである。相場はどう理屈を付けてみてもつまるところ大きな公開賭博である。この取引所が必要である以上、売買手数料、露骨にいえばテラ銭を政府で取って国庫に入れよというのだ。大体として取引所官営は名案で、その長所は取引状態が現在よりも確実になること、官営に直すことによって人民の生業を奪うということもない。いわば誰も迷惑を蒙ることがなくしてそれで政府は大なる財源が得られる。

現在の取引所は、兜町、蠣殻町（かきがら）、北浜、堂島を始めとして全国主要都市に至るところ設置されている。株、米、綿糸、砂糖、豆粕というような物を扱っている。仮にこれ等の取引所を全部国営にするとごく消極的の計算を立てても政府の得る手数料は年数億円を超過する。日本の輸出品の第一位にある生糸は八億円以上に上るから、これの手数料百分の一だけでも八百万円はある。その他それ以上に巨額な米穀、株式の取引は月に幾億という金額に上るから、賭博のテラ銭だってこうなると馬鹿には出来ない。

現在の取引所の欠陥

全体日本の現在の取引所は百害あって殆ど利益が無い。絶えず詐欺的策動が行われて物価が正当の相場で取引されてない傾向がある。そうして客筋は仲買人や相場師に食われて破産してしまう運命になる。さらに一番馬鹿を見るのは生産業者だ。これを米価に就て見ると、年収五千万石といえば今日では大凶作の歳であろうが、その時は米価は必ず一石五十円以上になるだろうから、総金額に直すと二十五億円という額になる。もし七千万石も出来れば大豊作というので、米価は徹底的に売り崩されて一石二十五円以下になるだろう。するとこの代価は十七億五千万円ということになる。従って凶作の年には農民の懐中へ二十五億円の金が入るが、豊作であると十七億五千万円しか入らないというばかに矛盾した奇現象が起って来る。こういう例は珍らしくなく毎年のように繰り返されている。詰るところこれは現在の取引所が作り出す欠陥である。政府もこれにはそのつど頭を悩まし大正十年に米穀法を制定して、米価調節に苦心しているが、取引制度の根本を捨て置いてわずかな金で調節を計るのだから殆ど利き目がない。そこで今度の内閣は米穀調査会を設置して米価の下落を防止することに努めているが、どうして見たところで、このままでは駄目である。いずれにしても米価が豊凶に比例して正当に近い価格をもつことになり、生産者と消費者の利害がほぼ一致することにならなくては、国民の生活が安定しない。殊に農村の生活は米作の豊凶と米価の高下によって左右されているが、現在の状態では農民は常に投機者のために翻弄せられていて、自己の幸福と不幸とに対して全く標準を失ってしまっている。農村疲弊は全国的に著しい現象となって来ている。日本の将来に対して最も寒心とすべきことはこれだが、農村疲弊の最大原因は米価の不安定から発し、その責任の大半は現在の取引所の制度にある。

投機と農村の疲弊

米穀取引所の設置を許可した当時の趣旨から見ると、商取引の円滑を計りこれで米価が適当に調節されるであろうと為政者は考えたのであったが、今日の実際から見ると単に、一部の投機者の賭博機関となっているだけであって、米穀取引の実は少しも行われていない。米穀取引所の名称は全く空文空事で目的は賭博である。国民生活を毒することこれ以上にはなはだしいものはない。

政治家・政商に食われる市場

株式取引所は米穀よりさらに大仕掛な賭博であるが、しかし株券は紙であるから取引がしやすい。大震災の時には新東株が百十円以上であったのが、地震のために取引所も焼けてしまって立会不能となり、紛擾中に解合って八十円で余議なく決済された。しかるにバラックが建てられて立会を開始して見ると百何円からたちまち百二十円以上に飛躍した。いくら取引所であるからといって焼け太りとは合理的であるまい。今日の制度の取引所では、仲買人の都合や、利害関係の生じた会社や財団の都合次第で、相場は左右されているのである。特に宜しくないことは政治家や政商が極端に取引所を利用することだ。日魯漁業会社の今度の問題のような馬鹿なことでも、いわゆる相場師と政客と組んで打った賭博の陰謀である。元来取引所というものは基礎が一片の主務省の認可で出来ているものであるから、営業認可の制限が切れると改めて延期を願って許可して貰うことになっている。その度毎政治家に食われている。日本全国ではかなり沢山の取引所が認可されているが、その資本金は極めてわずかのもので、そうして取引金高は非常に驚くべき数字に上っている。大正八年といえば戦争成金の無暗に出来た年だが、この年は単に株式取引しかも東京株式取引所だけの売買高で、六一億八五〇二万円に上がっている。これは整然と取引所の帳簿に上っている分であるが、この他にいわゆる呑屋と称する不正売買の数字を想像して加算すれば恐らく百億にも達していたことだろう。この数字に、米穀、綿糸、生綿その他の物を加へて、而も全国的に計量すればどれほどの金額に上っているか分からない。もしこれを国営にすれば毎年二億や三億のテラ銭を政府が獲得することは居睡っていても出来ることだ。取引所を国営にしてすべての制度や規則を改革して直接政府の手で経営することになると、真に価格のある物は高くなり、胡麻化しものや不合理の採算外れのものは安くなり、米をはじめ物価の調節が思う様に出来て、国庫は多大の財源を得た上に国民生活を安定に導くことが出来る。四十億円も投貸されている電気事業なども十億円程度に株の値下りがして、国家が買収することも手易く出来るようになる。

国営化が国民生活を安定させる

国際大学と万国博覧会

後藤伯は教育事業には素人であった。しかし教育事業そのものには随分興味を有っていて、殊に晩年はそれに対して大きな抱負を持つようになったが、生前に何ら実現の運びに至らなかったのはお気の毒であった。

私立学校トラスト構想

後藤伯は一口にいうと学校トラストというような案を考えていた。現在の東京市内に散在する各種の私立学校を糾合して一ケ所に集め、郊外に一大学園を建設しようというのである。都市が発展するに従って学校は第一に敷地難を感じて来た。且つその地域は多く人家稠密して学校には不適当である。運動場も教室も狭くて学生の健康にも品性の陶冶にも適しない。東京の如き郡市は商工業の地であるから、学校は宜しく郊外地に移転さすべきである。それと現在の多くの私立学校は特殊のものを除くの外は大概経営難に陥っている。それらの大小私立学校を綜合してこれにトラスト式の組織を加えると学校経営者も財政的に救われるに違いない。

東洋の学生を集める国際大学

最初は漠然とこんな風に考えていたが、それぞれ独自の歴史を持っている各学校を一つに統一することはなかなか困難であるので、先ず新しい学校を創立することにした。後藤伯の案は国際大学の創設ということだった。明治維新以来日本の国運は発展して、文化的に欧米諸外国と拮抗するまでに到達している。現在では学問をするために欧米へ洋行する必要はなくなっている。今後の日本は益々文化を向上させこの文化をもって世界に臨まなくてはならぬ。それには先ず日本に完備せる国際大学を創設して、少くとも東洋諸国の学生をそこに吸収する方策を立てるがよい。現在でも支那の留学生は数千人を算するが、政府の方針や学校当局者の彼等に対する待遇がよろしきを得ていないため折角遊学して来た者を満足させないばかりか反って在学中に不快な印象を遺させ、それらの学生が帰国した暁に排日思想を宣伝するという面白くない結果を招いている。

国際大学は主として東洋諸外国の学生を収容することを目的とし、教師には日本の学者は無論のこと、支那、インドあたりから優秀な学者を招聘して任命する。広き東洋文化を綜合する一大学府を建設するのである。現在支那では日本学の流行は洋学を凌いで、支那の青年はことごとく日本語を研究し日本の学問をとり入れることに努力している。こういう時代であるから、さらに留学生向きの立派な学校を造って優遇すれば必ず支那ばかりでなく、インドの学生も暹羅（シャム）の学生も安南の学生をも吸収することは困難でない。

後藤伯は大体こういう目的の下に学校を建てることにして、昭和二年（一九二七）頃、神奈川県高座郡綾瀬村約三十万坪の敷地を買収した。プランは立って敷地も出来たけれどもそれから先の進行は容易でなかった。大体学校は営利事業でないから資本家がつかない。それで行き詰った結果、プランを立て直すことになり、学校は第二段にして、その場所を利用して万国博覧会を開催することにした。博覧会をやった後で建物の一部を学校に利用する方法を考えた。

万国博覧会の跡地を利用

万国博覧会ということは一八五〇年英国アーサー・コンノート殿下の創意でロンドン郊外で開催されたのが初めで、当時万国の文化を集めて広く英国民に世界的知識の普及を計ったのだった。その計画は見事図にあたって第一回世界万国博覧会は予想外の大成功を収めた。有名な水晶宮はその時の建造物の一部が現存しているのである。次いで一八六〇年頃にはパリで開催され、七〇年頃はウィーンで、七六年にはアメリカ独立百年祭記念事業としてフィラデルフィア市で開催され、以来万国博覧会は欧米各国で殆ど競争的に開催されて来たが、欧州大戦で一頓挫の形となった。我国でも農商務省の計画で明治四十五年〔一九一二〕に五百万円の予算で青山練兵場及び代々木御料地（現在明治神宮）で開催することになり、欧米各国へ賛同を求め、米国の如きは百五十万ドルの計上費で既に委員まで特派し準備に着手したが、予算関係から明治五十年に延期され（再度の予算は一千万円）引続いて翌年の議会では無期延期となって、今日に至っているのである。この際それを復活して日本で開催することは一面不景気挽回策ともなり、産業発達文化進展を計る上に非常なる利益をもたらすことはいうまでもない。

この計画を進めてさらに隣接地を買収し総坪数百万坪という厖大な敷地をつくった。昭和三年〔一九二八〕三月三十一日の報知新聞に大々的にこの記事が載った。後藤伯の考えでは、とにかく政府の力で博覧会を開かせれば自然その土地が発展して少なくともその跡へ小さな町くらいは残るに違いない。そうして百万坪の土地の値上りによって第二段の理想的な国際大学建設に着手しようという目論みだった。

国際会議やオリンピックも

後藤伯のことだから、考えているうちにプランは段々大きくなる。現在日本では米国から観光団の申込みがあっても大仕掛の団体は泊めてやるホテルもないから断るよりほかはない。国際会議や国際オリンピックなども日本で開きたいのは山々だが宿屋も無ければ会場もない。

アメリカ人が年々ヨーロッパへ観光に出掛ける数は四十万六千人に達し十六億円も費消している。日本へも毎年六千七百名くらい来て四千万円以上の金を落して行く。これだけの金額でも日本の輸出品と比較すると第三位にある絹織物に次ぐ第四位の金高である。成金の米国の客を引き寄せることは輸入超過を帳消しにする方策として一番手取り早い手段だ。万国博覧会はこの客寄せにはもってこいであるし、数十万坪を開放して国際オリンピック競技場にあてる計画なども立てていた。

国際大学と万国博覧会は、後藤伯の最晩年の仕事として伯自身非常な熱心をもっていたが、天この偉人に寿を借さず不幸にも何等眼鼻も付かぬ前に病を得て薨去(こうきょ)されたことは遺憾であった。それがためせっかく敷地まで出来ているのにこの事業は一頓座を来してしまった。何しろばかばかしく計画が大きいのだから後藤伯のような人でもなければ容易に手の付く仕事ではない。遊廓移転くらいで熱中している現在の政治家どもでは荷が勝ち過ぎてしまう。といってこれほどの仕事を捨ててしまうのも惜しいと思う。誰かこの後を買って出て見ようという大風呂敷の持ち合せはないか。

想像力が遠大に馳せる

平壌遷都論

私は後藤伯からしばしば聞かされた得意の大国策に拠って紹介して国民の参考に資し、真面目に考えて貰いたいと思うのである。しかるに私がこれまで書いたところを読み返してみると何だか非常に面白おかしいようなものになっている。私は文筆家ではないから敢て面白く書くつもりではないのであるが、すべて後藤伯の考えていることが現実の社会から余り飛び離れており、統計上の数字が桁はずれに大きいところから、何となく大風呂敷のように聞えて自然に面白おかしげになるのである。事実、伯の談論を拝聴すればもっとこの何層倍も面白かったものである。けれども、いかに面白くても決して空論はない。実行不可能の問題はない。立論には必ず科学的根拠がありただ想像力が遠大に馳せるのである。それについては私はこういうことを考える。すべて政治家でも実業家でも学者でも、芸術家でも大人物は必ず想像力が豊富である。つねに目前の現実に囚われている者では科学の発明も出来なければ人類や国家社会を救う大事業も成し遂げられぬ。後藤伯はこの想像力の働きの最も鋭い人だった。もし運命が後藤伯をして小説家たらしめたのであったならば、彼はトルストイやユーゴーを摩(ま)する大仕掛な創作を発表して社会を驚かせたかもしれない。

大陸進出策とは

後藤伯の懐抱せる国策の二、三を紹介したから、最後に最も雄大を極める大陸進出策を述べてこの稿を終ることにする。前段に述べた数種の国策はこれに拠って日本の財政を立て直すためであるが、一国の強大は財力が出来たばかりでは完全しない。

元来日本の欠点は国土の狭いことである。国土が狭いから製造事業を起す原料が無い。さらに日本のように人口増加の急激な国では現在の国土の内では国民の全部が生きて行く道が立たなくなる。しからばどうすればよいのか、いうまでもなく大陸進出の長計を樹てることがこの問題解決の唯一の鍵である。

日本国民が日清日露の両役を敢行して大犠牲を払ったのも、世界大戦に参加したのも、最後の目的は国土の拡張を念としたのであるが、いつも列国の邪魔があったりして十分に所期の目的を貫徹することが出来ないでいる。しかし、日本民族の大陸進出の遅々たる所以はあながち外交の失敗ばかりがその責任の全部ではない。日本人は、金のある者は外へ出ず、金の無い者は出掛けて行ってもロクな仕事がない。仕事の無いのは金のある者が行って事業をしないからである。日本国民のような環境や伝統やその他いろいろな条件を持っている者は、尋常一様の政策では国土の拡張は絶望である。神功(じんぐう)皇后の三韓征伐以来、豊太閤の遠征、日清日露の役でも、実は思ったほどの大陸進出は出来なかった。現に多くの政治家が騒いでいる対支問題の解決でも、満蒙政策の実現でも、現在の調子では百年河清を待つ以上に見込みのない問題であるが、日本国民の生きる途は満蒙以外に余地のないことも一般が知っている。知っていながら出来ないというのだから厄介である。

世界大に広がる大日本帝国

が、後藤伯にいわせるとそれは何でもなく行われる問題である。それは、日本が帝都を朝鮮の平壌に遷すことである。明治維新は東京へ奠都(てんと)〔都を定めること〕を断行することによって始めて大磐石の基礎がすわったのである。鎌倉は頼朝に依ってさだまり、大阪は太閤によって出来、江戸は家康によって出来上がった。されば明治維新の際の大英断のように錦旗を押し樹(た)てて鳳輦(ほうれん)〔天皇の乗り物〕を進め、大日本帝国が世界大に広がるために、朝鮮平壌へ奠都するのである。これが大陸進出の基礎である。

帝都が平壌に遷れば陸海軍も移動するであろう。日本銀行も行くであろう。皇室の藩屏である華族さん達は先を争って行くであろう。日本中の富豪も行くであろう。朝鮮に事業はやたらに勃興する。鴨緑江沿線長白山系の大森林は開拓される。大同江をひかえて東洋第一の大都会が出現する。仁川、鎮南浦大連等は東洋屈指の貿易港となる。疲弊の極にある朝鮮はたちまち煙突林立の衢（ちまた）となる。現在一億円の資本で計画されている三菱の長津江水力電気などは十倍の規模に拡張されるであろう。内地からも海峡を越えて電力が輸入され朝鮮の大工場で多量に生産される物資は飛行鉄道で東亜の各地に輸送される。現在では乞食で埋まるだろうといわれている朝鮮に大小の成金が簇出（そうしゅつ）し、乞食なぞは見たくても見られぬようになるだろう。

日本国民は初めてお膝下にいると同じ心地で、安心して満蒙シベリヤの天地に進出するであろう。大規模な生産工業が起り、人口食糧問題は過去の夢となり、陸海軍は充実し、爰（ここ）に初めて日本は名実ともに具われる世界の一等国となり、皇謨（こうぼ）〔帝王の道〕を中外に輝やかすことが出来るであろう。

付記　初出「後藤伯大風呂敷の内容」、『中央公論』一九二九年八月号。東海隠史は筆名であり、実際の執筆者は不明であるため、資料的裏づけのなされていない内容や誇張した表現も含まれるが、後藤新平の晩年の思想を検証する一つの材料として、あえて掲載することとした。掲載にあたり、漢字・仮名遣い、その他の表記を現代の読者に読みやすいものに改めた。今日では適切でない表現が見られるが、時代の制約を映しているものとして原文通りとした。

（編集部）

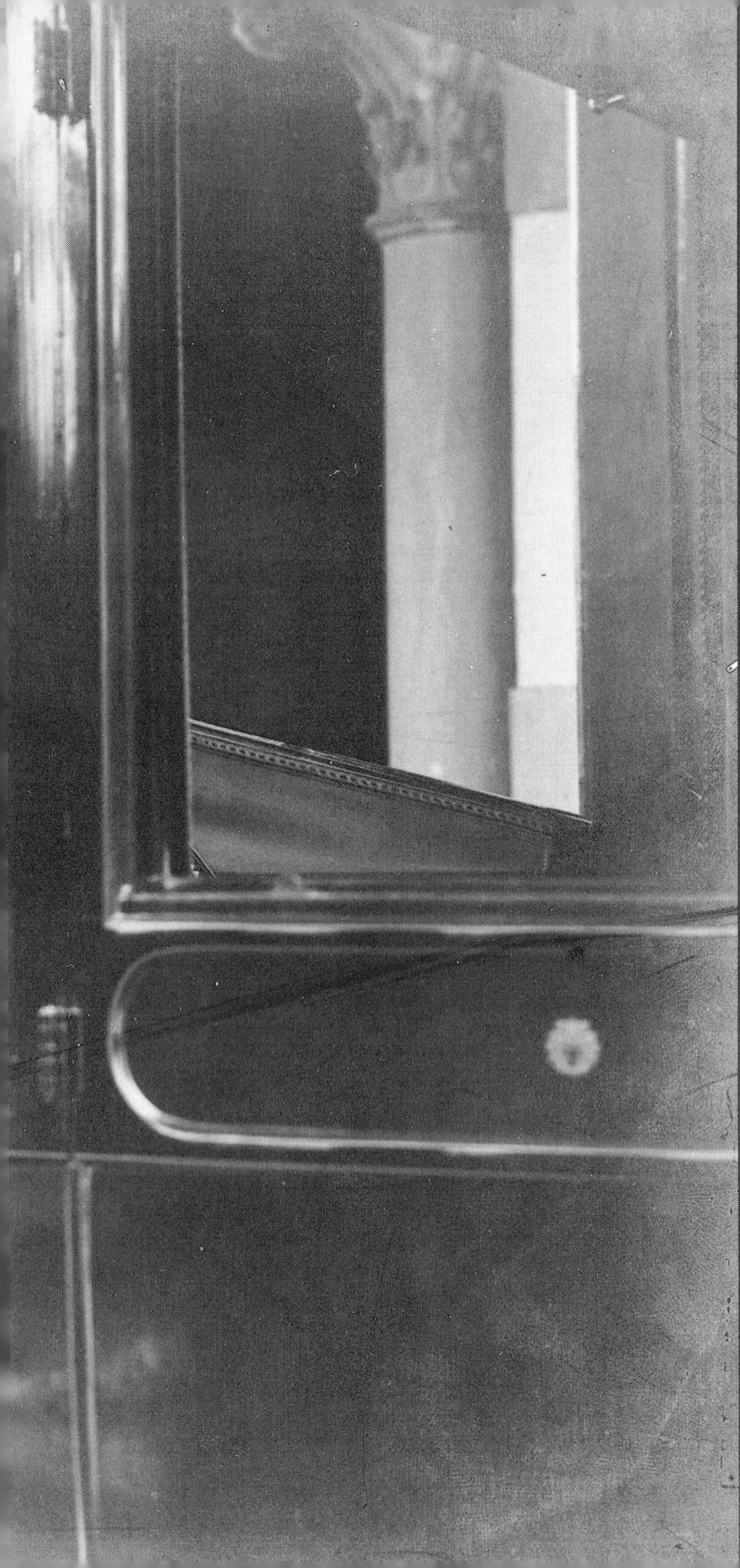

Ⅲ 後藤新平

星新一

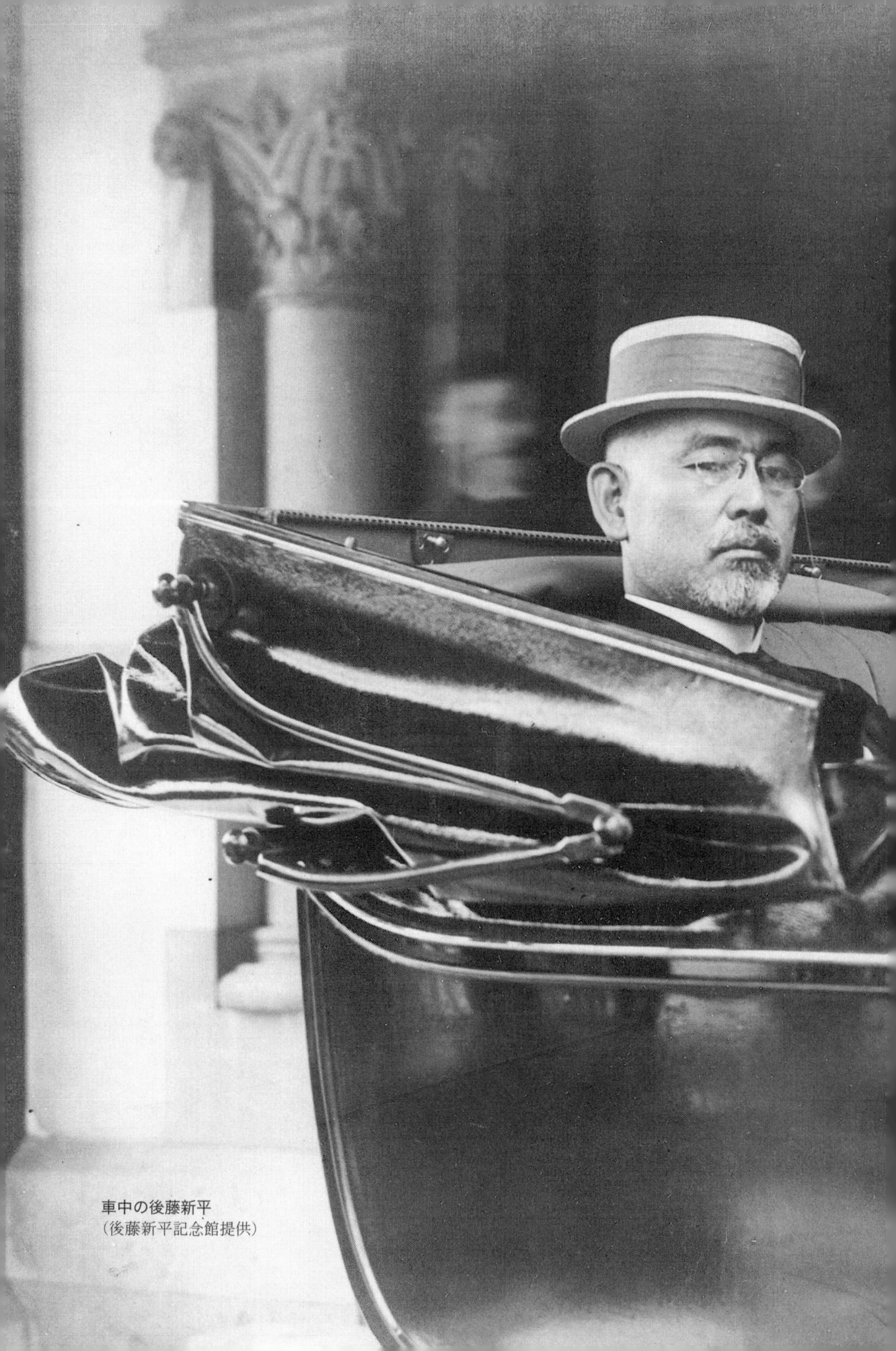

車中の後藤新平
（後藤新平記念館提供）

子供のころ、会社へ連れていってもらい父〔星製薬創始者の星一。一八七三―一九五一〕の仕事ぶりを見て驚いた思い出がある。とつぜん社員をどなりつけたのである。それも大声をはりあげるだけでなく、手で机をたたき、足をふみならし、すさまじい勢い。

よほどの事件が発生したのかと心配したが、ほかの社員たちは平然たるもの。父のほうも数分後には、さっきのことがうそのように、にこやかになった。その雷は日常的なものだったのである。

父の講演も聞いたことがある。東北なまりがあり、決して雄弁ではないが、聴衆はいつのまにかひきこまれている。そして、内容は日常生活から世界や宇宙まで及ぶのだった。とにかく講演が好きであり、座談もまた好きだった。

制服というものも、父の好みだった。戦前において、戦後はいうまでもないが、全社員に制服を着せた会社など、ほかになかったのではなかろうか。大きなポケットとはばの広いベルトの上着。チョウネクタイ。狩猟服とナチスの服との中間のような感じである。ナチス発生以前のことだから、そのまねではない。

また、父は無為に時間をすごすということをしなかった。ぼんやりしているようでも、手帳になにかメモをとっていた。頭に浮かぶアイデアを書きとめるのである。そのなかのいくつかはやがて成長し、講演の材料となる。時にはパンフレットとなり、各方面に配布された。「製薬業の国有化案」とか「民間の発明に政府は金を支出せよ」とかである。そのいくつかは、いまも残っている。

だいぶあとになって知ったことだが、これらの性癖は、後藤新平の感化によってできあがったものらしいのだ。まねしようとしてそうなったのではなく、長いあいだ師事した形で交際しているうちに、しぜんにそうなってしまったのだろう。それだけ尊敬していたといえよう。

父は酒好きな家系の生れで、若いころはかなり飲んだらしいが、ある年齢からぴたりとやめてしまった。これも後藤新平がまったく酒を飲まなかったためかもしれない。

後藤新平の伝記の代表的なものは、女婿（じょせい）に当る鶴見祐輔著『後藤新平』で、死後七年たった昭和十一年〔一九三六〕に発行された。そのご昭和四十年〔一九六五〕に勁草書房から覆刻（ふっこく）版が出ている。大型判で全四巻。各巻約千ページ。つまり計四千ページという膨大なもの。亡父との関連が深くなかったら、とても読む気にはならなかったろう。

薄いのの代表的なのは、沢田謙著『後藤新平小伝』で、小型判約六十ページ。そのほかの単行本の伝記が、うちに何冊かある。最も新しく読みやすいのは、杉森久英著『大風呂敷』であろうか。

かくも多くの伝記の書かれている人は、野口英世を除いて、わが国にはほかにない。少年むけのを除いたら、野口より多い。それだけ異色の人物なのである。貧乏士族の家にうまれ、維新のごたごたのおさまったあとに世に出て、生存中に伯爵までなった人は、これまた、ほかにいないのである。

大伯父・高野長英

徳川時代の後期、**高野長英**という人がいた。東北の水沢藩の出だが、長崎へ行きシーボルトについて洋学を学んだ。開明的で頭もよかった。医学、農学に関する本を書き、さらには鎖国政策を批判する『**戊戌（ぼじゅつ）夢物語**』を書いた。これが問題にされ、幕府の捕吏につかまって死んだ。

その七年後の、安政四年〔一八五七〕六月に後藤新平が生れた。彼にとって高野は大伯父に当るのである。幕府がアメリカに迫られて開港を約し、日米下田条約の締結された年である。生家はいまも残っていて、私も盛岡へ出かけた帰りに水沢で下車し、それを見た。

新平の祖父は、武士には珍しく数学にくわしい人。母は御典医の娘。伝記でそれを知り、なるほど、そうだったのかと思った。

後藤新平は「**科学的な政治家**」と称されることが多い。しかし、科学的というと、物理や工学的なものを連想し、人間不在の感がある。医学的と呼ぶべきかもしれないが、これだと範囲がせまくなる。長くなるのを問題にしなければ「生命に関する科学の知識を持ち、それにもとづく判断を行政の上に活用し、みごとな業績をあげた人物」あたりが適当なようだ。そんな視点から眺めなおしてみたい。

水沢の少年時代

少年時代は、なかなかのあばれん坊。しかし、勉強好きで、才気があった。

明治二年（一八六九）、東北は朝敵あつかいされ、中央新政府の支配下におかれた。水沢地方には、**安場保和**（やすばやすかず）**が大参事として着任**した。面接めいたことがおこなわれた。

「あの少年には、みどころがある。大物になるだろう。よく仕込んでみてくれ」

安場は部下の**阿川光裕**にこう言い、後藤は県庁の住みこみの給仕に採用された。満十二歳の時である。同時に採用された少年のなかに、斎藤実（さいとうまこと）がいた。のちに海軍大臣、首相にまでなった人である。

阿川はなにかと面倒をみてくれた。

「おい、いつまで寝てる。起きろ」

冬の朝でも、六時になると、たたき起された。後藤の早起きの習慣は、阿川によってつけられたようだ。

やがて、安場はよそへ転任。後藤は阿川に無断で上京した。そして、ある家の書生となったが、勉強するひまがないほど働かされるのに、がまんできなくなって帰郷。

若さを持てあます日々をすごす。

そこへ、福島県庁へ転任していた阿川から手紙がきた。

〈この地に病院と医学校を作った。学費を出すから、来て学べ〉

この好意と機会をのがしたら、平凡な人生をたどるしかない。後藤はそれに応じた。まず福島

須賀川の寄宿舎生活

洋学校、ついで少し南の**須賀川医学校に入学**し、寄宿舎生活をすることになる。ここでは必死に勉強した。夜になり眠くなると、天井からつるした帯でからだをしばり、机にむかって本を読むというすさまじさ。

ひまがあると『西国立志編』に読みふけった。精神をふるいたたせる内容の本だ。これからの社会でなにごとかをなすには、科学の知識が必要。その信念はこれから得たようである。

土地の遊郭で、こんな歌がはやった。

「下駄はちんばで着物はぼろよ。こころ錦の書生さん」

後藤を歌ったものだという。服装はあまりにひどく、美少年であることが一段と目立った。しかし、女性には目もくれずに勉強。やがて舎監に任命されたが、その役目もうまくはたした。集団を統制する才能にもめぐまれていたのだ。かくして二年半。医師としての知識、技術、資格を身につけた。明治九年（一八七六）、満十九歳。

当時は医師不足の時代で、資格があると、ひっぱりだこ。

「四十円以下の月給ではいやです」

と言っていたが、月給十円の**愛知県病院**からの求人に応じ名古屋へと移った。恩人である安場が愛知県の県令（知事）になっており、阿川がその下にいる。義理があるのだ。また、**オーストリア人の名医、ローレッツ博士**が治療と講義をおこなっている。

愛知県病院へ

後藤は病院づとめのかたわら、博士から医学やドイツ語を学び、明治十年（一八七七）には開業医の資格試験にも優秀な成績で合格した。

この年、西南の役がおこり、大阪に軍の病院が作られた。その院長が**石黒忠悳**。後藤より十二歳の年長で、**日本医学界の基礎を作った人**。とらわれない判断力の持ち主で、医学関係者の適材適所を心がけ、後輩の世話をするのが好きな性格だった。

後藤はそこを訪れ、見学し、治療を手伝って腕をみがいた。また、薩摩からの帰還兵にコレラ発生という非常事態と、その対策をも体験した。しかし、なによりの収穫は、石黒と親しくなれたことであろう。

ふたたび愛知県病院に戻り、仕事にはげみ、明治十四年(一八八一)には病院長と医学校長を兼ねるまでになった。二十四歳。月給は六十円、そのほかに時間外の往診などで、かなりの収入を得るようになった。女遊びもはじめる。もっとも、当時は金のある男ならだれでもしたことである。そのころから、後藤はひげをはやすようになった。若く見られまいと、かなり大げさなひげを。

負傷の板垣に「本望でしょう」

その翌年、演説のため岐阜にやってきた**板垣退助が、暴漢に刺された。**

「板垣死すとも、自由は死せず」

はたして本人が言ったのかどうか不明だが、後世に残る名言となった。近くにいい医者がなく、後藤のところへ手当ての依頼の電報が来た。自由党員は反逆的な危険分子あつかいをされていた時期である。やめたほうがと言う者もあったが、後藤は、

「人命を救うのが医者の仕事だ」

と出かけ、板垣に話しかけた。

「ご負傷なさって、ご本望でしょう」

そして、冷静にして適切な診断と治療とをした。全治一週間ほどの負傷だったのだ。しかし、社会的にショッキングな事件だっただけに、あわてふためく人びとが多すぎ、板垣の目には後藤がたのもしい人物とうつった。彼はこうつぶやいたという。

「医者にしておくには惜しい。政治家になれば、かなりのものになるだろうに」

建言し、実行する

もともと後藤には、派手好きな性格があった。美青年で、人目をひく外見である。そんなこと

が、もっと注目をあびたいという欲求となったのかもしれない。そのあらわれのひとつが、建白書好きである。新しい計画についての文書を作り、上司に提出し、その実行を求めるのである。一生を通じて、そうだったのだ。

安場県令は明治十三年（一八八〇）に東京へ転任となるが、その在任中に後藤は「健康警察官をもうけるべき建言」という意見書を提出している。予防医学は病人の治療以上に重要だとの主張で、きわめて進んだ考え方である。医者でありながら、医者の商売が不振になる状態を理想図として持ちつづけた。

提案ばかりでなく、実行もした。伝染病室など、病院の設備を充実させ、医学校の内容もより高度なものにした。また、愛衆社という日本最初の私立衛生会を作り、機関誌「四季医報」を発行し、このような機関の必要な理由を説明した。

こういった文書は関係者によって保存されていて、鶴見著の伝記ではそれが随所に引用されている。そのため、四千ページにもなってしまっているのだ。

「国家の医者になりたい」——内務省衛生局へ

内務省衛生局、現在の厚生省の前身に当るわけだが、**その局長の長与専斎**（ながよせんさい）が、立案と計画の好きな後藤の存在に目をつけた。石黒忠悳の推薦もあり、後藤は東京へ移って長与の下で働くことになる。往診による副収入はへるが、後藤は行政官の道を選んだ。

「個々の病人をなおすより、国家の医者となりたい」

明治十六年（一八八三）、二十六歳であった。

その年の九月に結婚。相手は恩人である安場保和の娘、和子。美しい女性で、まさに良縁であった。

後藤は長与局長にさまざまな提案をし、**公衆衛生の向上**につとめた。いちいち書いていたら、きりがない。そのかたわら『**国家衛生原理**』という本を書きあげた。

これは非常にユニークな内容で、衛生の重要性にふれながら、国家も人体と同様のひとつの生命体とみるべきで、その心身の健全な発達と生活環境の改良をめざせとの主張である。これまでの夢が整理され、のちの行政官としての活躍の原点が示されている。経済は国の栄養であるなどと、それ以前にだれが論じただろう。

衛生局へ移って七年後、やっと念願のドイツ留学が許された。もっとも、私費留学。安場や石黒から、かなりの借金をした。

ビスマルクによる感化

当時のドイツでは、国家統一をはたした鉄血宰相のビスマルクは、すでに引退していた。しかし、彼の作りあげた社会政策は、後藤をうならせるほどのものだった。疾病(しっぺい)保険法、傷害保険法、養老廃人保険法。産業の基礎を支えるものである。日本はこれらの面で、はなはだおくれをとっている。

そして、それらを実行するには国勢の調査と統計が必要と知り、くわしくそのやり方を研究した。その一方、数カ月のうちに論文を書きあげ、ドクトルの学位を取ったのだから、いかに勉強したかを知ることができる。

それでも、会話には苦労したらしい。しかし、たのまれてきた私的な仕事、長与の長男の称吉がドイツ女性と深い仲になり、留学から帰ろうとしないのを別れさせるのに成功したのだから、なかなかのものである。なお、称吉は帰国し、後藤象二郎の娘と結婚し、長与病院を創立する。

北里柴三郎と親密に

そのころの**医学界の先端は**、**細菌学**であった。**その第一人者、コッホの研究所**で大要だけでも学んでおきたいと思った。その後藤の申し出に、コッホは言った。

「この研究所には**日本からの留学生、北里柴三郎**(きたざとしばさぶろう)がいる。彼に所属するのなら、いてもよろしい」

北里は東大を出て衛生局に入り、ここへ留学しているのだった。

「はい。日本の役所ではわたしが上司ですが、ここでは北里君の弟子になります」

その答えに、コッホは感心した。異国での生活ということもあって、**後藤と北里は学歴、地位を忘れてきわめて親しい仲となった。**

なお、大げさなひげをそり、鼻の下とあごの三角のひげにしたのも、このころ。そして、一生それをつづけた。

また、ビスマルクのすぐれた外交の実績を調べ、イギリスに旅した時には、その国内政治の調和性に感心した。

かくして**滞独二年二カ月、後藤は各分野にわたる新知識を頭におさめ、帰国**した。その少し前、長与は官制改革に不満で辞職しており、後藤が衛生局長の地位についた。石黒の運動によってである。

事務の処理を進めながら、さまざまな意見書を作り、翻訳書を出版し、あいまには講演旅行に出かける。

「なにをやるにも、まず世の人をなっとくさせてからでなくては……」

これが持論だったのだ。また、**帰国した北里が、福沢諭吉の応援で伝染病研究所を作るのにも力を貸した。**さらに、存分に手腕を発揮……。

相馬事件で投獄・失脚

というわけにはいかなかった。局長となってほぼ一年の明治二十六年（一八九三）秋、相馬事件によって警察に拘置されたのである。

これは明治十年（一八七七）にはじまったお家騒動で大衆小説的な興味を示して展開された。相馬家という金持ちの子爵。当主。妾腹（しょうふく）の弟。当主の乱心。座敷牢（ざしきろう）へ。錦織（にしごり）という主君思いの旧家臣。主君に自由と正当な権利を。その反対派の動き。診断しない精神鑑定。入院。実力による救出。皇族や華族たちの動き。さまざまな新聞記事。当主の不審な急死。検死の不充分。毒殺の告訴。相手側の弁護人は星亨。墓の再発掘。証拠不充分。東大の権威がからむ。判事の収賄。誣告（不当な告訴）だとの訴え。

くわしく説明したら、話が横道にそれてしまう。後藤は精神医学への関心から、錦織に同情して深入りし、告訴費用の三千円を用立てた。それが誣告の共犯とされたのである。

当時の未決犯の拘置所は、かなりひどいものだった。それでも後藤は最初の晩から平然と眠った。同室の者が聞く。

「つかまったのは何回目です」

「はじめてだ」

「驚きました、その度胸には。すると、よほどの親分なんでしょうな」

「ああ、日本一の大親分さ」

検事とは、さかんにやりあった。やがて裁判となり、同時に衛生局は休職となる。拘置所での生活が半年。いちおう無罪となって保釈となる。しかし、検事が控訴し、翌二十七年〔一八九四〕の十二月に無罪が確定するまでの一年間、不遇な日々をすごしたわけである。三十七歳の時であった。

日清戦争帰還兵検疫事業

さて、これからどうしたものか。代議士になってひとあばれするのではと予想する者もあり、開業医になったらとすすめる友人もあった。しかし、時代は後藤の才能を必要とした。

ちょうど、**日清戦争**が日本の勝利で終りかけていた。大本営は広島にあり、石黒忠悳は野戦衛生長官として、その地におり、後藤にこんな手紙を出した。

〈東京にいては周囲がうるさいだろう。すぐにでも、ここへ来ないか〉

石黒の頭は、やがて問題となる**帰還兵の検疫**の件でいっぱいだった。この大仕事を、だれかにやらせなくてはならない。西南の役の時、大阪でコレラ対策をともにやった後藤こそ適任と思ったのだ。

石黒は陸軍次官の児玉源太郎を紹介した。

児玉源太郎との出会い

「で、経費はどれぐらいかかりますかな」

と聞く児玉に、後藤は答えた。

「まあ、ざっと百万円」

そばで石黒が、とてつもない金額を口にするあの癖には困ったものだと、はらはらしている。

しかし、児玉はしばらく考えて、

「後藤さん。百五十万円、用意しましょう。完全な検疫をやって下さい」

こうなると、引き受けざるをえない。児玉は後藤より五歳のとしうえ。背は低いが、非凡なる頭脳と明確ですばやい判断力の持ち主である。検疫の重要さを理解したのだ。後藤も、この人の下でならという気になった。

臨時検疫部がもうけられ、部長が児玉、事務官長が後藤で事実上の責任者である。下関、広島、大阪、それぞれの沿岸の島に検疫所の建物を作り、蒸気消毒用のボイラーを設置する。それに従事する要員の訓練もしなければならない。**世界に前例のない仕事なのだ。しかも、日時は限られている。**

講和は予想していたより早まり、一段と急がなければならなくなる。後藤は不眠不休で指揮を取った。


「人間以上の力を出せ」


「とても、むりです。人間わざではできません」

ねをあげる部下を、後藤はどなりつける。

「それなら、人間以上の力を出せ」

どなる習慣は、このころ身についたのではなかろうか。ボイラーの管の破裂など不測の事故も発生した。なんとかまにあわせたが、つぎの心配は軍人たち。勝利で気が立っているし、一日も早く帰りたがっている。

「児玉さん。軍人たちは、すなおに従ってくれるでしょうか」

「その点なら、まかせておけ」

児玉は、まっさきに帰還された宮様を説得し、検疫を受けてもらったのである。それが先例となり、時にはごたごたもあったが、なんとか進行していった。軍人を扱うには、先手で強気に応酬するに限るというこつを知ることもできた。後藤にとって、いい体験だった。

検疫は大成功

現実に帰還船のなかでコレラが発生したこともあったが、国内にひろまることは防止できた。検疫した総人数、二十二万人。緊張の連続だったが、任務はぶじに終了。そのあと、後藤は民間の人たちに、検疫所を見学させている、衛生への関心を高めるためで、日ごろの主張のあらわれである。

それにしても、当時の日本で、ほかにこれだけのことをやりこなせた人がいただろうか。後藤の才能もさることながら、石黒、児玉の人を見る目にも感嘆させられる。

この報告書は英文のも作られ、欧米諸国に送付された。史上はじめての事業である。ドイツ皇帝はこれを読み、賛辞を惜しまなかったという。

衛生局長に返り咲き

そして、二年ぶりで衛生局長に復活した。相馬事件による不評も、いまは「あの後藤がか」とプラスに作用し、その名は一段と高まった。内心とくいである。石黒は、

〈世に手腕をみとめられた時だから、暴走せず、ねぼけたような仕事ぶりがいいのでは〉

といった意味の、忠告の手紙を出している。

後藤は人間的に成長した。人あたりがよくなったのではない。なにかやるには、実力者の後援が必要と知ったのである。児玉の紹介で伊藤博文（ひろぶみ）に面会して言った。

「このさい、一千万円の予算で、**社会施設を作るべき**です。貧民の増大は、社会衛生のためになりません」

伊藤は他人の話をよく聞く人。後藤は脈ありとみて、長文の計画書を提出した。何回か会ううち、それは具体化していった。

「戦いに勝って、清国から三億円の償金が入ります。そのうちの三千万円を議会の決議で皇室にさしあげる。その下付という形で基金を作り……」

救貧・福祉政策の建言

構想も雄大になってゆく。**施療病院の設立**。**労働者疾病保険の国庫補助衛生事業の充実**。**救貧制度の準備などに着手すべし**というのである。当時としては、はなはだ進歩的だったというべきだろう。

「救貧といっても、貧民ができてから救うのでは、それをあてにしたなまけ者を発生させかねません。そうなる以前に防止しなければならないのです」

先の先までを考えた上での主張である。工場の安全は機械ばかりでなく、有毒ガスの発生まで注意を要するなどという点も、わが国で最初の発言ではなかろうか。

伊藤は賛意を示したが、議会はそんなことを政府がやるのは人気とりだと反対。なにひとつ実現しなかった。代議士は天下国家のことしか考えない時代だったのだ。

つづいて後藤は、ドイツでの研究をもとに、**統計局設置の提案**もした。日本にはまだ、なんの調査もおこなわれず、統計もなかった。国を人体にたとえれば、簡単な身体検査すらなされていなかったのだ。

どこが病弱か、どう栄養を与えればいいのか、その手がかりさえない。医師としたら、歯がゆくてならないはずである。なお、**国勢調査**は、大正九年〔一九二〇〕になってやっと実施される。

在任中に実現させたことは、北里の作った**伝染病研究所の国有化**。人員はそのままで、国家の管理下に移し、研究費用に困らないようにしたのである。

しかし、提案のほうが、はるかに多い。河川汚濁予防制度を作れ。食品物の検査法を作り、有害物質に注意せよ。工場関係、交通関係の衛生規則を作れ。まさに、予言者である。

台湾での阿片問題に私見

さらに、**台湾の阿片(アヘン)問題についての私見**も提案した。日清戦争の結果、台湾は日本の領有となった。そして、統治をはじめて最初に手を焼いたのが阿片吸飲の習慣だった。

国論も政府も「ああいうものは厳禁すべきだ」との方針だったが、容易ではない。かえって現地の住民を不安においやり、反抗運動まで発生した。総督をかえりみても、依然として混乱がつづいている。

後藤は、いっぺんに禁止するのは無理、徐々に吸飲者を減らすのが適当とのべた。石黒忠悳もそれを支持し、台湾事務局の総裁を兼ねている伊藤博文は、その採用をきめた。

台湾民政長官に抜擢

明治三十一年(一八九八)の一月、松方内閣が退陣し、第三次伊藤内閣となる。陸軍大臣は桂太郎。

台湾総督の乃木大将も、そのころ辞表を出した。さて、その後任は……。

あの島は日本のお荷物だ。フランスが一億円で買いたいと言っているから、売ってしまえ。そんな意見もあったほどだったのである。

人びとの注目のなかで、児玉源太郎総督、その下の民政長官は後藤新平という人事が発表された。かくして、再任の衛生局長の二年半の椅子(いす)をはなれ、台湾へと活動の舞台が移る。四十一歳。

長与専斎の、こんな言葉が残っている。

「後藤は人に使われるか使うかで、共同して事をなすということはできぬ男だ」

ことがうまく進展するとは、大部分の人が予想しなかった。しかし、児玉は後藤の才能をみとめている。そして、民政長官という地位は、総督の了解さええられれば、存分に腕を振るえるのだ。台湾は病人として、後藤の前に横たわっている。これを健康体にしなければならない。それにはまず、治療する側の体質改善だ。冗員整理と地方庁の統合とをおこなった。そして、優秀な人材を集めた。

旧慣調査の実施

旧慣習の調査会という、一見、遠まわりのようなものを作った。この患者が、これまでどんな状態にあったかを調べるためである。いっきょに内地と同じ体質にしようとしたって、できっこない。

阿片は専売とし、中毒者と認定した者には売るが、新しく吸飲しようとするのは許さなくした。年月はかかるが、着実に減少してゆくことはたしかである。その一方、酒屋やタバコ店をふやした。より害の少ないものへと切り換えさせたのだ。すべてを禁止するのは、いいことではない。

つぎの難問は**土匪**(どひ)**、つまりゲリラ的な盗賊の横行**である。この病原菌をなんとかしなければならない。しかし、これもよく研究してみると、硬直した軍政と、おとしいれようとする密告によって、心ならずも土匪にされているのが多いようだった。

軍の発言権を押さえ、後藤は民政の確立につとめた。総督が児玉だったため、それが可能だった。また、かつての恩人の阿川がこの地に以前から勤務していて、見聞にもとづくこんな意見をのべた。

「武力では土匪をなくせない。仕事を与えれば、さわぎはおさまるよ」

後藤はこの方針をとった。時にはみずから出かけて説得し、反抗しないと約束した者たちには、道路建設の仕事を与えた。土匪という病原菌の無害化である。そして、最後に残った少数の土匪に対しては、軍隊の出動という手段を使い、鎮圧した。

また、**地域社会の自治活動を整備**した。**十戸を一甲、十甲を一保とする昔からの保甲**(ほこう)**制度を復**

活育成したのである。**住民との接触も、軍隊から警察へと移す**。治安はみちがえるようによくなった。

しかし、台湾という病人は、まだまだひとり歩きにはほど遠い。栄養の補給が必要。すなわち金がいるのだ。

後藤は東京へ出張し、六千万円、二十年計画の産業開発公債の件で奔走した。

「また、あの、大ぶろしきが……」

という批難の声もあがる。巨額な金額をぶつけ、人を驚かすのが後藤の癖なのである。そのため世の注目を集めはするが、誤解も受ける。六千万円は一時にいる額ではない。必要に応じて使うので、二十年で割れば、年に三百万円。しかも、これは公債で、いずれは返済する予定なのである。

台湾を「健康体」に

政府は四千万円の予算を組んだ。しかし、議会の通過を要する。後藤は政界の実力者たちとも交渉した。星亨とは気が合い、こう言われたという。

「もっと早く知り合ってたらなあ。あのことをうらむなよ」

相馬事件で対立側の弁護人になったことである。議会は三千五百万円に減額して承認した。その資金によって、後藤はつぎつぎと新計画に着手した。

まず、**台湾縦貫鉄道の建設**。人体でいえば動脈である。人員や物資の輸送機関は、きわめて重要だ。

また、**基隆(キールン)の築港**。外界との接触部分である。物資の出入がスムースにおこなわれなければならない。

雑然としていた**地籍の整理**。土地の所有者を明確にしたのである。公債で徴税権を買収したりしたが、その結果、農地からの税収入は三倍半にふえた。

並行して、**阿片、樟脳、塩の専売制**を進めた。樟脳の価格は安定し、塩は三年で六倍の生産高になった。

金融機関として、**台湾銀行を設立**。これは商業の発達をうながした。

産業振興のために、滞米中の農学者、新渡戸稲造を呼びよせた。その提案で**砂糖産業**を重点的にとりあげることにした。それまで砂糖はほそぼそと作られてはいたのだが、改良品種の苗や肥料を無料で配布し、その効果を住民たちに実感させた。この生産高は驚異的な伸びを示すようになるのである。

台湾は着々と健康体になりつつあった。

星一の追憶

私の父が後藤と知り合ったのは、そのころである。ニューヨークでの雑誌発行をつづける資金にゆきづまり、帰国し、杉山茂丸の紹介で後藤から五千円という大金を出してもらった。そして、台湾に同行して手伝いをした。鶴見著の伝記のなかに、星一の追憶談として、こうある。

「当時、しばらく長官の官邸の一室にとまらせてもらっていましたが、後藤さんはきわめて早起きで、四時半ごろになると、おい、アメリカ人、早く、起きろと呼びに来る。そして、町はずれの児玉総督の別荘に出かけ、帰ってから朝食というのが日課でした」

明治三十五年〔一九〇二〕のこと。私の父は三十歳。後藤は四十五歳。どなられながら、いろいろと指導を受けたわけである。専攻が統計学なので、いくらかは役にも立っただろう。この年、後藤はアメリカ視察に出張するが、その時に案内をしたのが私の父である。

総督の児玉に、進行状況について、たえずくわしい報告をおこなった。そのため信頼を得、児玉はことあるたびに後藤を助け、仕事をやりやすくしてくれた。

この二人が着任して七年で、投資額に対し年平均、五割五分の純益をあげた計算になるという。台湾は普通以上の健康体になった。

さらに、**米作の改良**。**山林開発**。**水力発電**。**海運**。**製糖工場の建設**。

衛生行政。上水、下水の完備をめざし、台湾からマラリアをはじめとする**伝染病を激減**させた。**住民への教育も普及**させる。また、**内地にさきがけて国勢調査**をおこなった。規模は小さいが、**婦人慈善会**を作り、こう説明している。

「病人や貧民になってから与える百円より、ならぬようにする一銭のほうが大切なのです」

これが後藤の信条なのだった。

やりたいことを、つぎつぎに実現してゆく。**中央研究所**を作り、農業生産性の向上、流行病対策などで成績をあげた。

部下を愛する

ある部下は、こんなエピソードを語っている。総督府につとめてまもなく、土匪との交渉という危険をともなう命令を受けた。若さにまかせて仕事はやりとげたが、台北への帰着は夜中になってしまった。後藤は報告を聞き終ると、こう言った。

「ご苦労だった。疲れたろう。いっしょに風呂に入ろうと思って、待っていたんだ」

そして、風呂をともにした。その部下はその時、この人のためなら死んでもいいと心から思ったそうである。

このたぐいの話は、かず多く残っている。部下への愛情のあらわれである。みな、後藤のため台湾のため、どなられながらも力をつくす。つぎつぎと人材が育てられてゆく。

伝記には、このころの身長が一六三センチ、体重七二キロとある。当時の日本としては、堂々たる体格である。年齢的にも働きざかり。夜おそくまで部下を待つことがあっても、朝はいつも四時半に起床。昼間は超人的に仕事をこなし、実績をあげた。

総督が児玉だったこと、部下たちの働き、それらのおかげでもあるわけだが、後藤がいなければこうはいかなかった。日本に植民地の経営はできないという欧米の常識は、みごとにくつがえされた。

台湾統治の功認める

児玉は明治三十三年(一九〇〇)に総督兼任のまま陸軍大臣になり、三十六年(一九〇三)には内務大臣、文部大臣、さらに参謀本部次長をも兼任し、東京での活躍に専念する。日露の関係が緊迫し、国家がそれほどまで、児玉という人物を必要としたのである。三十七年(一九〇四)、ついに日露は戦い、児玉は総参謀長として満州におもむき、勝利をもたらした。

児玉、後藤の台湾統治は九年ちかい期間になるが、そのうち五年半は事実上の総督、後藤の力によるものといっていい。この功により、三十六年には貴族院議員に勅選され、三十九年(一九〇六)には男爵となった。

望まれて満鉄総裁に

ポーツマスでの**日露講和**の条件に、国民は不満だった。焼き討ちさわぎまで起している。その時、後藤は台湾にいたためか、こんな冷静な発言をしている。

「領土だ償金だと、そんなことにこだわるな。もっと高遠な目的のために戦ったはずではなかったか。満韓の経営、東洋の指導権、そういう無形のものを活用すべきだ」

講和の結果、それまでロシアが所有していた、黄海に突き出ている遼東(りょうとう)半島の租借権と、南満州鉄道、それに付属した炭鉱の経営権とが日本のものとなった。

その運営のために**南満州鉄道会社が創立**された。いわゆる満鉄である。資本金は二億円、うち一億円は政府の現物出資、あとは民間の資金である。驚くべき大会社。台湾とちがって、その土地は清国の領土である。総督をおくわけにもいかず、このような組織が作られたのだ。

そして、その**初代の総裁**として、杉山茂丸の運動により、元老たちは一致して後藤新平を第一候補にあげた。民政長官就任の時にくらべ、かくも評価が高まっていたのだ。満鉄は平和的な運営をという条件がついており、軍人では困るということもあった。

しかし、後藤はいちおう辞退した。やる気は充分だったのだが、今後の台湾、満鉄の方針や権限について、政府に明確な保証をとりつけておきたかったのだ。

児玉は後藤に言った。

「第二次の日露戦争を起してはならない。そのためには、きみにやってもらわなければならないのだよ」

「はい。よく考えてからご返事します」

それで別れて帰ると、翌朝、**児玉の急死**が伝えられた。日露戦争のため、その全能力を燃焼させてしまった死という印象である。

後藤は就任せざるをえなくなった。明治三十九年（一九〇六）。

台湾民政長官は辞任。その時のあいさつで、将来への期待として十項目を並べているが、なかでも最後のひとつが面白い。

「趣味ある発達をはかるべきこと」

楽しく働けるような状態を作るようにとの意味だろう。普通の行政官には夢にも思いつかない発言である。後藤はその方針により、台湾に活気をもたらした。これも、その一生を通じての信条であった。

「趣味ある発達を」

満鉄総裁に就任すると、**官界、民間から人材を選んだ。**三井物産の秘蔵っ子の社員を引き抜きもした。みな、三十代である。後藤は四十九歳。

「一に人、二に人、三に人」

これが口ぐせでもあった。

新総裁については、国内はもちろん、外国の評判もなかなかよかった。しかし、わが国では、人気者が出現すると、わけもなしに反感を抱く者もふえるのだ。そして、人気だけで外地の行政はできない。

満鉄。たとえれば他人からゆずられた未熟児である。医者である後藤は、これを健全に成長させることに使命感を持った。

経営方針をどうするか

しかし、台湾とちがって、養育を一任されたわけではない。まず、遼東半島には軍隊がいすわっている。ロシアの手中にあった時は軍事上の重要地点だったが、もはやその価値はない。それなのに、大激戦地の跡ということで、軍人は頭の転換ができないのだ。**この地方の支配権は都督（ととく）である軍人がにぎっていて、満鉄の自由にはならない。**児玉が存命なら、この件はなんとか解決してくれただろうが。

また、清国領内の鉄道ということで、**外務省の領事がなにかと口を出す。**さらに、ロシア支配の時にはだまっていた清国も、日本が勝つと、利権回復の声をあげはじめる。

それらに対し、実情を知らぬ政府は無理解だった。後藤は各国の植民会社の運営状況を調べ、それにもとづいてしきりと訴えた。

「中央の方針が一貫しないままだと、やりにくくてしようがありません」

事実、最初のころ、政府の方針もぐらついていた。すでに多額の戦費を使った。このうえ、さらに金をつぎこまなければならないのか。たまたま、アメリカの鉄道王のハリマンが、一億円で満鉄の経営権を買いたいと言ってきている。それに応じ、アメリカをこの地に引き入れ、緩衝地帯にしたらどうかとの問題も論じられた。

もし、そうなっていたら。空想を刺激させられるテーマである。しかし、政府はその案を採用しなかった。

民間からの資本金は、まず二千五百万円が集まった。これだけでは、とてもたりない。外債を発行することにしたが、こんないきさつのため、アメリカは応じなかった。しかし、イギリスが引き受けてくれた。日英同盟という関係もあったが、後藤への信用があればこそである。それで、六千万円の資金が集まった。

鉄道広軌化と沿線開発

清国皇帝と会見し、就任のあいさつをした。そして、最初に手をつけたのが、鉄道のレールのはばを広くすること、すなわち**広軌**（こうき）**計画**。戦争中に日本軍が内地と同じくせまくしたものを、広げたのである。

広軌だと、外国製の機関車や車両がそのまま使える。アメリカ、イギリスからそれらを大量に買いつけ、走らせた。

それとともに、**沿線の開発**を進めた。**炭鉱の規模を拡大**し、**火力発電所**を作り、**ガス事業**をおこし、**車両工場**を作った。また、**新しい都市計画**をたて、**水道**、**道路**、**公園**、**病院**、**旅館**などを整備していった。

部下にいい人材をそろえたこともあるが、こういうことにかけての後藤の手腕はすばらしい。荒涼たる地域だったこの地方も、しだいに近代的なものへと変化してゆく。輸出入のための**港湾の改善と拡大**、**学校設立による文化の向上**にも手をつけた。

後藤はとくに注意し、駅名を日本的に変えたり、日本読みにすることをせず、在来の中国語での読み方をつづけさせた。住民たちをとまどわせたり、感情を傷つけたりしないためである。目立たないことだが、いかに細心だったかを知る一例である。

満洲にも科学的調査研究を

また、**東亜経済調査局の設立**を手がけた。資料なくしては、計画も立てようがなく、実行も不充分である。後藤が科学的な政治家と称されるのは、こういう思考の持ち主だったからだ。顧問にはドイツ人の専門家をやとった。

もっとも正式に発足したのは辞任後だが、これは信用のおける東洋一の経済調査機関となった。産業振興のみならず、諸外国の誤解をとくのにも大きく役立った。

そのほか、**産業のための試験所、地質研究所、農事試験場**なども作った。これらによって、満鉄は順調な成長をすることになる。

ロシアとの協調関係を築く

満鉄経営で配慮すべき点には、**清国、ロシアとの関係**がある。とくにロシアは、戦いをまじえた国で、その友好は一段と重要。後藤は同意見の伊藤博文の了解をえて、ロシアの首都ペテルスブルグを訪れ、首相やココフツェフ蔵相と会見した。人間的魅力を存分に発揮し、対日感情を好転させることに成功した。ロシアの陸軍大臣は、のちに議会でこんな発言をしている。

「日露戦争後、対日復仇(ふっきゅう)戦の計画が立てられたが、その方針は変更され、バルカンへの進出が政策となった」

後藤の努力で東洋の戦乱は避けられたわけだが、そのかわりにヨーロッパでやがて大戦がはじまることになる。

しかし、依然として満鉄に対する中央の無理解はつづいている。後藤は強硬な電報をしきりに打った。日清の経済協力を高めるための東洋銀行を作る案も進展せず、今後どうすべきかの政策もきまっていない。かんしゃくも起したくなるのだった。その調整のため、杉山茂丸がいろいろと奔走した。

そして、明治四十一年〔一九〇八〕の七月、政変によって**第二次桂太郎内閣が成立**し、後藤は**逓信(ていしん)大臣として入閣**することになる。

後藤が満鉄総裁だったのは、約二年にすぎない。しかし、そのあいだに満鉄という未熟児は、かなりの成長をとげた。調査局の機構がととのえば、むちゃな方角へ走りはじめることもない。将来への基礎は作られたのである。

桂内閣の逓信相・鉄道院総裁として

桂太郎は軍人。人づきあいがよく、伊藤、児玉と同じく長州の出身で、後藤の力量を以前からみとめていたのだ。なお、この内閣の海軍大臣は斎藤実。後藤の水沢時代の友人である。

内閣の一員となれば、国の方針決定に参加できる。また、桂が**満鉄の管理権限を逓信省に移す**と約束してくれた。入閣に応じたのはそのためであり、満鉄関係者に動揺はなかった。

逓信省は通信関係を扱う官庁で、これまではその大臣も軽く見られていた。しかし、**電話が普及**しはじめ、また、その監督下で**鉄道の国有化**が進行中で、科学技術の役所として重要性を増しつつあった。古い体質の改善を迫られていたわけで、名医として腕の振るいがいがあったといえる。

各地の私鉄を買い上げたはいいが、そのため一種の混乱状態にあった。後藤は人員整理、資材購入の改善による冗費節約をおこない、官僚化の防止につとめた。大臣となって半年後に**鉄道院が作られ、その初代総裁を兼任**した。

制服をきめ、自分ら率先して着用し、各地に出かけて視察をおこない、そのたびに講演もした。連帯感を高めるようにつとめ、サービスの向上を呼びかけた。

「鉄道精神とは信愛主義にある。お客様に対してだけでなく、荷物にも、燃やす石炭にも親切な心で接しなければならない」

鉄道関係者のための福祉施設を作り、例によって調査会議を作り、**職員養成所**を作る。**国鉄の生みの親**と呼ばれるのは、そのためである。

そして、**鉄道の広軌化**を立案した。満鉄でやったことを日本でも、である。最終的には全線の広軌化が目標だが、とりあえず東京・下関間に広軌の新線の建設を考えた。勾配を少なくし、カーブもゆるやかにし、**丹那（たんな）トンネル**を作り、理想的な機関車を走らせ、途中の停車駅をなるべく少なくする。

東京・大阪間に新幹線のできたのが昭和三十九年〔一九六四〕だから、その先見の明は、これひとつとっても驚くべきものである。

それも例によって「またも後藤の大ぶろしき」と政党に反対され、実現にはいたらなかった。政党は地方への新線の敷設(ふせつ)のほうを望んでいたのだ。

電気事業の推進

一方、**水力発電を重視**し、**臨時発電水力調査局**を新設した。これも逓信省の管轄(かんかつ)下にあったのである。こんな言葉も残している。

「国力の根本は、動力の管理にあり」

それまで水力発電は、山師のやる仕事として放任されていた。現代の用語でいえば、電源開発の科学的行政指導といったところ。

後藤は電気時代の来ることを予想し、**鉄道電化計画**も考えていた。**電気事業法**を成立させ、**電気局**も作った。科学に理解のある後藤でなかったら、これらのことはうまくいかなかっただろう。

貧困防止は、後藤の一生を通じての念願であった。**郵便局による簡易生命保険**の実現も、そのあらわれのひとつ。また、逓信関係者のための**共済組合**を作り、その生活の安定をはかった。

後藤は理想を抽象的なものから具体的なものにする才能を持っていた。そして、思いつくと、桂首相になにかと提案した。

ある人が首相官邸で桂と話していると、秘書官が後藤が来たと取り次いだ。

「後藤さんなら、さっき、さんざん話して帰っていったはずですが」

来客が言うと、桂は笑って答えた。

「あれが後藤の癖ですよ。なにか思いつくと、帰り道の途中からでもやってくる。時には一日に五、六度も。もっとも、実行不能のものが大部分ですが、十のうち一つか二つは、じつに天下の名案、凡人には思いつけないようなものがある。そこに彼の価値があるのです」

後藤の頭脳は回転しつづけだったのだ。鼻眼鏡をかけはじめたのも、そのころであった。アメリカ大統領セオドア・ルーズベルトもそうであり、奮闘努力主義をとなえて大活躍をしていた。そんなところから、後藤は**和製ルーズベルト**と呼ばれるようになった。

伊藤博文暗殺の遠因に

在任中、後藤は伊藤博文をくどいて、ロシアの蔵相ココフツェフと会見するよう、おぜんだてをした。日露のいっそうの親善、それは満鉄の安泰にもつながるわけである。しかし、ハルピンでそれが実現したとたん、伊藤は韓国人に暗殺された。これに関し、後藤はあとあとまで自責の念を抱きつづける。

日本は、それをきっかけに日韓併合を強行した。杉山は後藤を朝鮮総督にとの運動をしたようだが、そうはならなかった。

大臣に就任して二年後、明治四十三年（一九一〇）には、大逆事件がおこった。事態を憂慮した明治天皇は、皇室財産を資金として提供し、財閥、富豪、官吏なども寄付をし、二千数百万円で**恩賜**(おんし)**財団・済生会**(さいせいかい)ができ、**社会施設病院**が作られた。また、**工場法**が議会を通過成立した。いずれも、後藤がはるか以前に主張していたことである。

桂内閣が四十四年（一九一一）八月に退陣。西園寺(さいおんじ)内閣となり、後藤は在任三年で逓信大臣兼鉄道院総裁の地位を去った。五十四歳。

後藤新平は十六年五カ月ぶりに、無冠の身となった。しかし、在職の時にくらべ、来客はさらにふえた。それだけ人気もあり、期待されていたわけである。

ひまを利用し『**官僚政治**』という訳書も出版した。組織というものは、役所ばかりでなく、政党も会社も軍も新聞も組合も、官僚化の一途をたどるという警告的な内容である。それを後藤が訳したということで、かなり世の話題となった。

その翌年、後藤は桂とともに、ロシア訪問の旅に出た。伊藤の死をむだにしたくない。実力者の桂を動かし、東洋の安定を前進させようというのである。なお、この旅には北浜銀行の岩下清周も同行した。

二度目の訪露なるも……

露都に到着し、さてこれからという時、明治天皇崩御の報が入り、ただちに帰国しなければならなかった。

大正時代に入ると、政界は大きく変化を見せはじめた。選挙権は十円以上の納税者が持っているわけだが、日露戦争によるインフレで、その人数が倍増したのだ。国民、すなわち政党の発言力が大きくなり、藩閥官僚の政治力が弱まってきた。大正元年（一九一二）の十二月、西園寺内閣は陸軍増員問題でゆきづまり、総辞職。

そして、第三次の桂内閣が成立。後藤はふたたび逓信大臣兼鉄道院総裁となった。しかし、藩閥内閣の延長ではないかと、桂内閣は、はなはだ人気がなかった。護憲運動は激しい高まりを示し、民衆の動きは暴動寸前にまでなり、桂内閣は二カ月ほどで退陣。後藤もこれといった仕事は残さなかった。桂太郎は、それからまもなく死去。

かわって政友会の支持による山本権兵衛内閣となるが、大正三年（一九一四）、シーメンス事件で失脚。そのころヨーロッパで大戦がはじまる。あとをついで出現した大隈内閣は、中国に対して強硬外交をやり、反日運動をひきおこす。このころの政界の事情は複雑で、とても簡単には説明できない。

後藤も新政党を作る動きに加わったりしたが、巧妙な動きとはいえなかった。人を使うか使われるかで、共同作業は性格に合わなかったようだ。つまり、正直すぎて、権謀術数といったことが苦手だったのだ。また、長い外地生活のため、どこかずれもあった。その結果、もともと後藤のようなタイプを好まぬ人間のほかに、いろいろな政敵を新しく作り出してしまった。

野（や）にあること、二年半。やがて大隈内閣の人気も落ち、官僚派の巻きかえしもあり、大正五年〔一九一六〕十月、朝鮮総督だった長州系の陸軍大将、**寺内正毅（まさたけ）を首相とする内閣が成立**。

寺内内閣内務大臣に

後藤は**副総理格の内務大臣**となり、三たび鉄道院総裁を兼ねた。この時、五十九歳。なお、内閣書記官長は児玉源太郎の長男で、寺内の女婿（じょせい）でもある児玉秀雄。

大戦景気のため、鉄道の輸送量は激増していた。後藤は関係者の気分の引きしめにつとめる一方、広軌にする必要を痛感した。その再検討に手をつけたが、政党はやはり乗ってこない。

翌六年〔一九一七〕、議会は解散、総選挙がおこなわれた。内務大臣の仕事は、政府に有利な態勢を作ることにある。後藤はそれに成功し、少数党となった憲政会のほか、各所に敵を作った。早くいえば県知事を動かしての選挙干渉で、現代の常識からいえば感心しないことだが、そのころはどの内閣もやっていた。

ロシア革命に接して

同年、敗戦つづきのロシアに革命が起り、中立だったアメリカも参戦した。大隈内閣によって悪化した中国関係もそのままである。

後藤はこれらの情勢に対処するため、**臨時外交調査会**なるものを立案した。各方面の意見を求め、一致した外交方針をきめるための、内閣を超越した機関である。政党関係者を引き込もうとの含みもあり、それは実現し、首相が総裁、後藤が幹事長となった。この調査会は大戦後の講和会議まで存続する。

翌七年〔一九一八〕の四月、夫人の和子が死亡。

「後藤によき点がありとすれば、それは夫人からの影響によるもので、夫人に欠点がありとすれば、それは夫人が後藤から影響を受けたためである」

といわれるほどの賢夫人であった。後藤にどなられた部下たちを、それとなくなぐさめたり、内助の功は大きかった。議会の会期中、周囲をさわがせてはと病気の苦痛をかくし、そのために死を早めた。

未来小説『三十年後』

そのころ私の父は『三十年後』という未来小説を出版した。薬の進歩によって社会が向上するといった内容で、会社のPRにもなっている点が目新しい。

最初のところで、新しい東京港が出てくる。**東京築港**はのちに後藤が実現化をはかるが、すでにこのころ話題にしていたのであろう。また、汽車の排煙によって上野の山の緑がなくなる描写もあり、後藤のアイデアもかなり入っているようだ。

序文を要約すると。

……数年前の春の日、後藤夫妻が鶴見夫妻などといっしょに、京橋の本社に現われた。陳列してある製品を眺めながら、とつぜん社員に話しかけた。

「ばかにつける薬はあるか」

そんなえらい人とは知らない社員は、とまどいながら、こう答えた。

「ただいま研究中でございます」

数日後、杉山らを加えた宴会の席で後藤はこの話を持ち出した。

「星の社員には、気のきいたやつがいる」

同席していた星は面目をほどこし、それがきっかけになって『三十年後』ができた。しかし、その寸前に後藤夫人が死去した。夫人には過去十八年、なにかとお世話になった。仕事が順調だと報告するたびにはげまされ、それが楽しくて働いてきたともいえる。そのため、本書を夫人の霊前にささげる……。

「どえらい本」——『官吏学』

なお、私の父は大正十二年（一九二三）に『官吏学』という本も出版している。大判で全四巻、四千五百ページもある。日本、中国、欧米各国の官吏の歴史から現状まで、整理と紹介をし、生活、性格、その哲学にまでおよんでいる。このたぐいの本は、ほかにないのではなかろうか。

　七カ年の歳月と、千以上の参考書によって完成したとある。何人かの助手も使っただろうが、最終的には自分で仕上げたようである。新聞経営の体験があるとはいえ、よくこれだけのものを書いたものだ。

　大学の専攻が統計で、もともと調査や統計は好きなほうだったが、なにかというと調査局、調査会を作りたがる後藤新平の影響を受け、このどえらい本を作りあげたのだろうと思う。

シベリア出兵の責任は？

　話が横にそれたが、夫人の死の少し前、本野外相の病気辞任により、後藤は外相に転じた。外交調査会を作った実績をふまえてである。

　そして、おこなったのがシベリア出兵。これは結果として、大失敗である。多くの兵士と多数の軍費を失い、得るところはなにもなかった。

　しかし、後藤のために弁じれば、連合軍、のちにはアメリカからも強い出兵要請のあったこと。戦禍に巻きこまれず、東洋におけるドイツの領土を手中にしたうえ、ぼろもうけをした日本は、このままでは講和会議で発言権が持てぬこと。ロシア革命についての情報がまったくなく、その影響が東洋にどう及ぶのかへの警戒。出兵せざるをえない条件はあったのだ。それに、外相在任は五カ月で、深入りした責任まであるかどうか。

非立憲（ビリケン）内閣と米騒動

　そもそも寺内内閣なるものは、成立の時から新聞や雑誌に人気がなかった。寺内の顔は、そのころ流行した外国うまれの福の神の人形ビリケンに似ていた。そのため非立憲（ビリケン）の字をあてはめ、なにかと攻撃の的となった。デモクラシーの思想が輸入され、寺内は藩閥内閣のなごりといった印象も与えた。

　たまたま、富山県で米騒動が発生した。米の値上りに憤激した群集が、米屋を襲って安く売らせたのである。八月という暑い季節でもあり、付和雷同して買いだめをしたがる国民性もあり、それは暴動の形で各地へひろがりはじめた。自然発生的なものであったが、新聞報道はそれを寺内内閣の悪政のせいだと結びつけた。

米騒動については、城山三郎著『鼠(ねずみ)』にくわしく書かれている。神戸の鈴木商店の支配人、金子直吉は台湾民政長官時代の後藤新平に交渉し、台湾の樟脳(しょうのう)の販売権を手に入れ、発展のいとぐちをつかんだ。大戦中には台湾銀行からの金融によって貿易を活発にやり、三井や三菱以上の利益をあげた。そのかたわら多くの産業を創設し、巨大な企業体に成長した。批難するのに絶好の目標ともいえた。

鈴木商店から多額の政治資金が後藤に流れ、寺内内閣を支えているという図式が作られる。いくらかの金は動いただろうが、そうまとまったものではなかったようだ。しかし、煽動された大衆は、鈴木商店を焼き討ちした。米価のつり上げなど、まったくしていなかったのに。

そんなさわぎのなかで、九月、寺内内閣は退陣した。原敬の政友会内閣となる。それにともない、後藤も外相を辞任。寺内は約一年後に死去する。後藤をひきたててくれた先輩たちは、しだいにへってゆく。

大調査機関設立計画

翌大正八年（一九一九）、後藤は**欧米旅行へ出発**。

「六千億円かかった大芝居だ。見物してこなければ」

大戦のあとの状態を視察しようと思ったのである。同行者には新渡戸稲造も加わっていた。ヴェルサイユ条約が成立し、戦争防止の機関として国際連盟が作られていた。加盟国のうち五カ国から事務次長を出すことになり、新渡戸はこの旅行中にそれを命じられることになった。

後藤はアメリカのフォードの工場、ジェネラルエレクトリックの工場、イギリスの理化学研究所などを見学し、ひとつの構想をいだいた。

「これからは科学の競争の時代だ。日本は資源が少ない。人知と、科学の進歩と、組織化によって国を富ます以外にない。世界の一大変化により、科学と人間との関連を検討しなおさなければ…」

八カ月間の旅行をおえて帰国すると、**大調査機関の設立計画**を作成した。原料、エネルギー、食料、科学技術、人口、貿易、労働、国際間の産業通信。それらを総合的に調査する機関の必要性を主張した。

つまり、日本という生命体の継続的な精密診断で、それをもとに政治を進めるべきだというわけである。大戦で日本に流れこんだ二十億円の外貨を、ただ食いつぶしてはならない。よく活用しなければ。後藤はそれを原首相に提案した。

原はすぐれた政党政治家。遠い目標や理想などより、現在の現実をいかに処理するかの才能の人である。予算の面で、積極的な支持はえられなかった

もし、この案が実現していたら、昭和に入ってからの日本の進路は別なものになっていただろう。

東京市長に選出さる

そのうち、大正九年〔一九二〇〕の末、思いがけぬ話が後藤のところへ持ちこまれた。東京市会が**満場一致で東京市長に選出**したのである。当時の市政は乱脈をきわめ、汚職の容疑者が続出し、大手術の必要があった。報道関係も、まさに適任と論じた。手腕ばかりでなく、人柄をもみこまれたのだ。

後藤はためらったが、就任をすすめる人が多かった。

「人生、一度は貧乏くじを引いてみるか」

そして、**年俸の二万円にけちをつけた。**

「もっと出せ。二万五千円にしろ」

そんなに金が欲しいのかとの印象を与えたが、それはすべて市へ寄付すると発表した。所得税

は自分で払って。

「さすがは、われらの市長」

市民は拍手し、人気は一段と高まった。

またも、東京市という重病人の治療をしなければならない立場になった。東京は明治以降、無方針のうちに大都会にふくれあがった。道路は舗装されてなく、電車はこみ、学校不足、下水道は不完全。かなりの重態なのである。

育成した部下を三名、助役として連れて市に乗りこんだ。まず、**職制改正。人事の移動。情実の廃止。多くの学者たちを嘱託に。市吏員講習所を作り、みずから講演。冗費節約。教員講習所。成人教育。**つぎつぎと新風を吹きこんだ。しかし、これらは一時的な手当てである。

根本的な治療として、東京の近代化のため、後藤は八億円計画案を作成し、新聞に発表した。国の予算が十五億円の時代である。例によって大ぶろしきだ。

首都制度を作れ、市債を発行させせろ、市内の土地への課税権をまかせろ、などとも主張した。東京の土地の課税評価は、低いままだったのだ。

八億円計画を安田翁が請け合う

そんなところへ、銀行家の安田善次郎がたずねてきて言った。

「八億円とは、計画が小さいようですね」

「そう言ってくれる人がいるとは。しかし、築港案を加えれば、もっとふえるがね」

「十五年計画でしょう。一年に割れば知れています。わたしがなんとかしましょう」

安田は大衆相手の、全国的な貯蓄銀行を作ろうとしていた。それで集めた金を貸そうというのである。相手が東京市なら、とりはぐれがない。預金者たちにも、その利息がまわってくる。

政府が後藤案をどう扱ったものかきめかねている時、大正十年（一九二一）、原首相が暗殺された。つぎの高橋是清（これきよ）内閣は七カ月の短命。そのあとの加藤友三郎内閣は緊縮方針をとり、国の予算による実行はむずかしくなってきた。

それならばと、後藤は**都市問題についての調査機関**を作ろうとした。はっきりした診断書を作れば、政府もなっとくせざるをえないはずだ。アメリカからその分野の専門家、ビーアド博士を呼び、さまざまなアドバイスを受けた。

後藤はそれを継続的なものにしたいと思った。安田は、

「あなた個人を信用し、その建設資金を出しましょう。わたしに対するけちな男との評判は知っていますが、これはという出すべき対象があれば、金は惜しみません」

と約束した。安田はその一週間後に殺されたが、死後にその文書がみつかり、遺族によって寄付がなされ、**財団法人・東京市政調査会**ができたのである。

反対派の妨害などで完成はおくれたが、日比谷公園の一角、公会堂のそばに現在も残る建物、**市政会館**が作られ、そのなかで活動がはじめられた。

市政の刷新

後藤は**市政の刷新**を進めた。**救済事業**。**職業紹介所の増設**。**簡易宿泊所**。**公衆食堂**。**市営住宅**。**託児所**。**結核療養所**。**屎尿（しにょう）処理**。**道路**。**下水**。**市の電気研究所**……。

可能な範囲で、さまざまな改善がなされた。**市民の自治**への関心も高まってきた。

大正十一年（一九二二）、子爵（ししゃく）となる。

在任、約二年。大正十二年（一九二三）の四月、後藤は市長を辞任した。ゆきづまったためではない。ほかに、より大きな問題が発生したのだ。

ソ連極東全権ヨッフェを招待

それは、**日露国交回復**についてである。

シベリア出兵が長びき、その地で日本の民間人が殺される事件があったりし、新しくできたソビエト政権とは国交断絶の状態となっていた。国にとって、これも不健康な状態である。もっと

も、ソ連を承認していない国は多かった。

ソ連の極東全権のヨッフェは北満州の地で、まず中国と交渉すべきか、または日本とすべきか迷っていた。後藤はそれを知り、わが国が後手に回ってはと、それを解決する決意をした。ことロシアとなると、後藤はひと一倍、敏感なのである。

そして、加藤首相の了解のもとに、後藤**個人として、ヨッフェを上海経由で日本に招待**した。

「後藤新平が、共産主義者になった」

米騒動と同じ短絡思考である。反対と妨害の運動も激しくなり、市長をみずから辞任したのも、そのためだった。そんな状態のところへ、ヨッフェは横浜に到着。厳重な警戒のなかで私的な会談が何回かなされ、二人はたちまち親しくなった。

たまたま、北洋漁業の時期に当っていた。国交断絶だから、勝手に出漁するわけにもいかない。査証が必要となる。外務省から依頼され、後藤がその件を持ち出すと、ヨッフェは答えた。

「日本政府の要求には応じられないが、後藤氏の誠意に感じて、承諾する」

これがきっかけとなって、あとは政府間の交渉に引きつがれた。ソ連は国交を回復したがっていたのだ。これは日本の国論の不統一、政府の方針のあいまいさによる、内政問題だったとみるべきであろう。後藤はみごとに解決をつけた。

ヨッフェが日本を去ったのは、大正十二年（一九二三）の八月十日。

山本「地震」内閣

同月の二十四日、加藤友三郎首相が死去。大命は山本権兵衛に降下した。後藤も貫禄、力量ともに首相に資格は充分だったが、親ソ的な人物との印象が強く残っている。また、政党との関係が円滑とはいえない。といって、入閣させずにおくわけにはいかない。

山本は後藤に内務大臣になるよう求め、後藤は外務大臣を希望し、さらに組閣についての条件を出し、かけひきがなされた。そんな状態のなかで、九月一日となる。

関東大震災が発生したのだ。

死者は十万を越え、東京の大部分が火災によって焼失した。こうなると、大臣の椅子どころの問題ではない。東京の再建となると、だれしも後藤へ期待した。

「こうなったら、自分でやるしかない」

かつて手がけた患者、東京が予想もしなかった事故にあったのだ。東京市政調査会を作って、観察もつづけてきた。**内務大臣**を承諾すると同時に、後藤の頭脳はただちに動きはじめた。罹災(りさい)者(しゃ)に対する救援、治安の回復などの手を打ちながら、四日には再建築の大要を作成した。

一、**遷都(せんと)はしない。**

二、**復興には三十億円の費用を使う。**

三、**欧米の都市計画を採用し、日本にふさわしい新都を作る。**

四、**地主に対して強い政策が必要。**

その実行のための、各省から独立した機関を作る計画をまとめ、閣議に提出した。

そのなかの、**罹災地域の全部を国が買い上げる**という一項が、人びとを驚かした。この混乱のなかにあって、こんな思い切った根本的な体質改善案を考え出すなど、市長の経験があるとはいえ、さすがである。

もっとも、説明不足な点もあった。土地を取り上げてしまうのでなく、いったんは国債で買い上げるが、区画整理をしたあと、もとの所有者に払い下げるのである。それによって交通や環境がよくなれば、面積が少しへり場所も少し移動するかもしれないが、所有者は損よりも利益を得るはずなのだ。

帝都復興院総裁として

しかし、だれもが後藤なみの頭を持っているわけではない。これは難航することになる。

独立機関の帝都復興院が作られ、その**総裁に就任**。諮問(しもん)機関として復興審議会も成立、その総裁は山本首相、後藤は幹事長。
電報で呼ばれて来日したビーアドは、なかなかいい提案をしている。道路を広くする。公園を作る。車道には必ず歩道を作る。地下鉄の計画。郊外への高速交通機関。電灯電話線を地下へ。これらは後藤にとって、大いに参考になった。

後藤はみごとな**復興計画**を作ったが、審議会のなかにも反対者があり、予算が臨時議会にかけられると、そこでも減額を要求された。土地整理費などが大はばに削られ、妥協せざるをえなかった。

「おれがやらなくて、だれにできる。今回はがまんするが、つぎの議会では解散してでも、なんとかものにしてみせる」

ある人が、こんな評を残している。

「後藤以上の理想家はいるかもしれない。後藤以上の実行家もいるかもしれない。しかしその双方をかねているのは、ほかにいない」

原案にこだわり、否決されたら罹災者の生活はどうなる。まさに、一時的な妥協だったのである。

しかし、なんということ。

虎の門事件起こる

十数日後の十二月二十七日、定時議会の開院式に摂政宮（せっしょうのみや）（のちの天皇）がおもむこうと虎の門を通過した時、一青年が狙撃するという事件が起った。いわゆる**虎の門事件**である。

摂政宮は無事であり、責任を取るには及ばないとのお言葉があったが、山本内閣は総辞職した。在任、わずか四カ月である。この時、警視庁警務部長の正力松太郎（しょうりきまつたろう）も、警視総監とともに免職になった。

後藤も辞任。復興院の仕事ぐらいは後藤につづけさせればと思うが、それは現代の考え方で、当時はそうもいかなかったらしい。

清浦内閣が成立したが、半年後に総選挙がおこなわれ、大正十三年〔一九二四〕の六月、憲政会が多数党となり、加藤高明が首相になった。いろいろないきさつから、後藤とはあいいれない仲である。六十七歳になる後藤の政界での活動は、しばらく望めなくなった。

星製薬の発展

私の父は、明治の末に製薬業をはじめ、それは順調に発展した。そして、阿片（アヘン）を原料とするモルヒネの国産化に成功し、大正三年〔一九一四〕、台湾において製造を開始した。原料阿片の払い下げを受け、製品はすべて国に納入する。代金の支払いは保証されているわけで、確実な事業といえた。後藤が二回目の逓信（ていしん）大臣をやめたころのことだが、台湾総督府には後藤系の人びとが多く、すべてがうまくはこんだ。

ヨーロッパの大戦では、他の産業と同じく星製薬はかなりの利益をあげた。大戦後の大正八年〔一九一九〕、後藤は欧米視察から帰り、星にこう話した。

「日本医学の発展を助けてくれたドイツ医学界の学者たちが、いま、実験用のモルモットも買えず、気の毒な状態にあるらしい」

「では、わが社が寄付をしましょう」

星は日本金で八万円ほどの寄付をした。やがて、その答礼として空中窒素固定法の発明者、ハーバー博士が来日し、それがきっかけとなって**日独文化協会**が創立され、後藤新平が初代会長となった。

また、後藤を社長とする通信社の計画もねったりした。しばしば後藤と会い、指導を受けたり、進言をしたりしていたようだ。地方の特約薬局店主を東京に集めての大会の時には、後藤に講演してもらったりもした。

大正十二年〔一九二三〕の二月、後藤は法事のために帰郷した時、盛岡で「政治の倫理化」と題して講演をしている。これに関する発言の最初である。

星一、選挙に出馬

また、私の父もその五月の選挙で、しばらく遠ざかっていた政界への進出を決意し、立候補した。そして、型やぶりの選挙戦をやってのけた。

まず、選挙の費用を公開し、政治とはなにかの「選挙大学」という講演会式の運動を展開し「ぜひ一票を」とは、一回も口にしなかった。

結果としては落選だったが、後藤の主張と、まさにぴったりである。しばしば会って話しているうちに、こんな考え方はどうだろうと一致したのではなかろうか。

星が民間における後藤系のひとりと見られても当然であった。そのため、形はちがうが鈴木商店と同じような運命をたどるのである。

「官吏は強し」

長いあいだ野党だった憲政会が政権をとり、加藤高明内閣が成立すると、反後藤勢力がここで再起不能にしてしまおうと、手足をもぎとれと動いたのも無理もない。

台湾における後藤系の官吏は一掃され、ついでに資金源になりかねない星の事業もつぶしてしまえと、原料阿片の払い下げは中止され、そのうえ台北検察局から起訴された。

内地においても、官憲によるさまざまな妨害を受け、仕事はたちまちゆきづまり、悪質な金貸しも介入し、昭和に入ると破産にまでいたるのである。

この政変を境に、後藤の活躍の場も変った。

大正十三年（一九二四）には、**家庭電気普及会**を作り、その会長となる。やがては生活のすみずみまで電化されるような時代にしなければと、考えた上であろう。

また、**社団法人・東京放送局**を作り、その**総裁**となり、翌年（一九二五）の放送開始の日にはマイクの前で、あいさつをおこなっている。これは**NHKの前身で、わが国でラジオ電波に乗った**

最初の声が後藤だったのである。放送事業の将来性には、かなりの関心を持っていた。

晩年の後藤というと、少年団のことがとりあげられる。大正十一年（一九二二）、イギリスの皇太子が来日し、歓迎のための日本少年団ジャンボリー（大会）が東京で開かれた。その時、市長であった後藤は臨時の総裁を引き受け、それがきっかけで**少年団連盟の総裁**をつづけることになった。

少年団に「自治三訣」

少年団は、英語ではボーイ・スカウト。後藤は日本の少年団を、世界の組織のひとつに育てあげた。会があるたびに制服を着用し、喜んで出席した。

「**人のお世話にならぬよう。人のお世話をするように。そして、むくいを求めぬよう**」

後藤の作った標語である。

星製薬がジャンボリーという商品名の薬を発売したのも、そのころのことだろう。なんの薬か不明だが、私は子供のころ、その容器を見た記憶がある。

政界での活躍がしにくくなるにつれ、少年団での活躍が目立ち、自分でも熱心になってしまうのだった。

倫理化運動に身を投ず

大正十五年（一九二六）、後藤は世の中の人の目をひくことをはじめた。**政治の倫理化運動**を、大々的に展開したのである。

普通選挙、すなわち納税と関係なく選挙権が持てる時代を前にして、いままでのような政治ではだめだ、新しい政治を、との主張である。

「いよいよ決心した。新しい政治運動をはじめるつもりだ。そのためには、財産も、場合によっては命まで投げ出すつもりだ」

なみなみならぬ決意だった。事実、その少し前に軽い脳出血の発作にかかっている。医師だから、それが危険な症状で、安静が第一とはわかっている。しかし、あえて行動に移したのである。

この時、六十九歳。

伝記を読むと、それ以後の後藤は、死をはなやかに飾ろうとしているような印象を受ける。

東京の青山会館で満員の聴衆を前に、最初の演説をおこなった。

「もはや政党の争いの時代ではない。世界における日本の地位を考えなくてはならぬ。太平洋時代への対策、石油、食料への政策。いまの政治家は、そういう大方針をおろそかにしている……」

理想を持って新時代をと論じ、

「……わたしの倒れたあとは、この運動を無名の青年たちが進めて下さい」

と結び、大きな拍手をあびた。

これを手はじめに、各地で講演旅行をおこない、それは百八十三回にも及んだ。同時に発売された『政治の倫理化』という厚めのパンフレットといった感じの本は、百万部以上の売行きを示し、世の中を一種の熱狂状態に巻きこんだ。印税をつぎこみ約一年にわたり、このキャンペーンはつづけられた。

若いころに執筆した**『国家衛生原理』の原点**にたちかえったかのようだ。国家という生命体を構成する細胞に、刺激を与えたのである。新党結成という具体的な形に進まなかったのを惜しむ人も多いが、国民に政治とはなにかを考えさせた意義は大きい。

それにしても、この熱気のなかで死ぬたら、派手好きの後藤にとって、まさに本望だったろう。

しかし、天はまだ後藤を死なせなかった。昭和二年〔一九二七〕、**ソ連訪問の旅**に出発。その時、少年団の全国の団員たちは、モチ米をひとり三粒ずつ出しあい、赤飯をたいてすすめた。

「総長、お元気でご旅行を……」

代表のあいさつに、後藤は思わず涙をもらした。

公的な使命を持った旅ではない。伊藤博文に進言して以来の、日露の友好促進の念のあらわれである。なつかしの地を満鉄の列車で進み、シベリアをへて、新しい首都のモスクワへ。**ヨッフェを招待し、身の危険をもかえりみず国交回復をした後藤、日露協会の会頭の後藤**ということで、**ソ連は国をあげての大歓迎**だった。

スターリンにも会見

あまり人と会見したがらない実力者の**スターリンも、後藤だけは例外あつかい**した。そして、日ソは友好を保ち、**中国の統一を待って東洋の安定を**という基本原則で一致した。しかし、具体的な方針までには至らなかった。

モスクワで越年。一段と寒さのきびしい地方である。それに、出発前に脳出血の二回目の発作を起している。覚悟の旅行ではなかったのだろうか。

この昭和三年〔一九二八〕の五月、野口英世がアフリカで死去。東京の工業クラブで追悼会がもよおされ、後藤は開会の辞をのべた。おそらく私の父が、古い友人のためにとたのみこんだのであろう。二人とも日本の生んだ異色の医学者である。

三回目の脳溢血

十一月、後藤は伯爵となる。しかし、政界においては、依然として出る幕はなかった。

そして、翌四年〔一九二九〕の四月三日、後藤は岡山へとむかった。**日本性病予防協会の総裁**をしており、その総会をかねて岡山支部が創立される。それへの出席のためであった。

列車が米原(まいばら)をすぎ大津へと走っている時、後藤は三回目の脳出血をおこした。

「岡山、岡山……」

これが最後の言葉だったという。壇上で死にたいとの意味だったのではなかろうか。そして、もはや口をきくことなく、京都の病院での手当てもむなしく、四月の十三日に死去。七十二歳であった。

遺体が東京へ送られる時、夜行列車であるにもかかわらず、少年団員が各駅に集まり、その送迎をおこなった。

一度は首相にさせたかった。そう残念がる人も多い。しかし、惜しまれるところがいいのではなかろうか。いま、明治以後の首相の名を、まして、どんな人だかとなると、私たちはどれだけ知っているだろう。そこへゆくと、後藤新平の名は、折にふれてささやかれつづけているのである。スケールの大きさ、先見性、実行力、親しみ、そういった響きをこめて。

後藤はさまざまな改革や創業をおこなった。いずれも、医師が患者に対する態度でである。時には手荒に見えても、底には健康体になるようにとの、期待と愛情と願いとがこもっていた。ほかの政治家とくらべて異彩をはなっているのは、その点なのだ。

政党政治は専門外

もっとも、政党だけは例外。専門外で、扱いかねたという形である。後藤の議会制民主主義への理解度となると、疑問は残る。しかし、当時の政党が、はたして民意をどれくらい反映していたかである。

親しい友であった杉山茂丸は、こんな評を残している。

「国家のためにつくしたが、ずいぶん批難も多かった。しかし、彼は決して寝ざめの悪いことをする男ではない」

八方美人の性格だったら、首相にはなれたかもしれないが、あれだけのことはできなかったろうし、名も残らなかっただろう。

正力松太郎とのエピソード

後藤の交友関係は、じつに広かった。くわしく書いたら、きりがない。ごたつくのを避けるため、ここでは登場人物を極度に押さえた。しかし、周辺の人物のひとり、**正力松太郎が後藤の死後に語ったエピソード**を一例として要約する。

後藤は震災の時に成立した山本内閣で、内務大臣となった。正力はその管轄に属する警視庁の警務部長の職にあった。後藤への批判をいろいろと耳にしており、正力はその下で働くことに、あまり気が進まなかった。しかし、しだいに、その偉大さを知るようになった。

そして、わずか四カ月で、虎の門事件。内閣は総辞職、正力は免職となった。その時、後藤は正力を自宅によんで言った。

「退職金も出ず、気の毒なことになったな。あせったりして、変な仕事に手を出すなよ。ここに二万円あるから、進呈する。二、三年、ゆっくり休め」

あまりの好意に正力は驚きながら、生活はなんとかなりますと辞退した。後藤は相馬事件の体験を話し、親身になって、さまざまな注意をした。

ところが、その三週間後、十万円つごうできれば赤字つづきの読売新聞をまかせるという話が、ある人から正力に持ちこまれた。

「心当りの人と相談してみます」

伊豆で休養中の後藤をたずねた。

「よし。少し待てば出してやる。失敗したら、むりに返済することはないぞ。しかし、おれが出したことは内密にしておいてくれ」

金は用意され、感泣した正力の努力で読売新聞は立ちなおり、やがて、その金は返済された。

正力は、たぶん実業家にでも出させたのだろうと思っていたが、後藤の死後、遺族からその出所を聞き、またまた驚かされた。

麻布の自宅を担保に金策した金だったのである。**わずかな期間のつきあいのうちに正力の才能をみとめ、こげつきの危険をかまわず、自分の財産から金を貸した**のだ。

正力は読売を大きくし、プロ野球を育て、戦後は原子力の平和利用を最初にとなえ、わが国のテレビ界の先駆者でもある。そこまでみこんでかどうかはわからないが、人を見る目はあったのだ。

私財を作らず

このように世話になった人は、かず多くあったのである。また、正力はこうも語っている。

「死後、後藤家には五十五万円の借金が残った。遺族は不動産の処分によって、それを整理した。借金によって、政治活動をしていたのである。その気になれば、いくらでも私財は作れたのに」

東京市長をやめた時の退職金の十万円も、そっくり少年団へ寄付している。

いさぎよい一生というべきだろう。

本稿を書くに当って『後藤新平』の著者、鶴見祐輔の子息、つまり後藤新平のお孫さんに当る鶴見俊輔さんの了承を得るため、手紙を出した。また、亡父との関係をご存知のかたはいないかとお聞きし、ご教示いただいた。

そして、ある日、後藤新平の長男の未亡人、側近だったかた、執事や書生だったかたがたにお集まりいただき、お話をうかがう機会を得た。なにしろ昔のことで、大正の末からなくなられるまでの晩年についてしか、知ることはできなかった。

「星さんは、よく後藤家へやってきましたよ。朝、いちばん早い。ほとんど毎日、時には日に三度もみえました」

まず、そんな思い出が話された。長男の未亡人は、こうも言われた。

「朝食のテーブルのそばにすわりこんで、いつもあれこれ話しあっていましたよ」

大正の末から昭和にかけては、星製薬がどうしようもない苦境にあった時期である。後藤新平も政界において不遇で、脳出血の発作のあとは、死処を求めていたように思える。私は聞いてみた。

「かなり深刻な感じじゃありませんでしたか」

「いや、そんなことはありません。星さんは快活明朗、いつも元気いっぱいでしたよ。アメリカ的なよさを、身につけていた。後藤家に出入りする人には、気どった人が多かったが、星さんは、その点、異色でした」

後藤新平も死ぬまで天真らんまんで、二人とも、じつに愉快そうに話しあっていたという。それを知って、なにかほっとする気分になった。順調の時も、そうでない時も、ともに楽しく語りあってすごしたのである。人生のうち二十七年間も、このような交際をつづけられたのだから、亡父の人生もしあわせだったといえそうである。

そのお墓が青山墓地にあることも、その時に知った。亡父への墓参の時にさがしたら、なんと数十メートルの距離だった。二本のクスノキが大きく育っていた。樟脳（しょうのう）の原料となる木で、台湾から移植したものだという。

今後、父の墓参のたびに、私は後藤新平の墓へもおまいりに寄ることになりそうである。

（『明治の人物誌』新潮文庫、一九九八年より。小見出し、太字は編集部による。）

〔附〕

小伝　後藤新平

沢田謙

水沢の餓鬼大将

安政四年（一八五七）六月四日、若葉に薫風のそよぐ、ここちよい日であった。

陸中国(りくちゅうのくに)胆沢郡(いさわごおり)塩釜村(しおがまむら)（今の水沢町）の吉小路という士族町に、いかにも丈夫そうな男の子が生れた。

父は後藤重右衛門実崇(さねたか)、留守(るす)家の家士で、寺小屋の師匠をしている、謹厳な人であった。母は利恵(りえ)といって、賢夫人の名が高かった。

だが、その子の新平は、負けじ魂の強い腕白小僧だった。

「ヤッ、新平がいるぞ」

彼が父の寺小屋の一隊を率いて、頑張っている姿を見ると、気の弱い子供は、わざわざ廻り路をして、避けるほどであった。

少年時代から、彼は餓鬼大将であったのだ。

八歳の年から、武下節山(たけしたせつざん)先生に就いて、漢学を教わったが、あまりいたずらがはげしいので、

「あんな奴は、机文庫を背負わせて、追い返してしまえ」

と、先生に怒鳴られたこともあった。

だが、腕白もはげしかったかわりに、勉強も猛烈だった。一日じゅう懐から本をはなさなかった。本を読みながら、道を歩いている姿も、時々見受けられた。

この才気煥発する腕白少年を、最初に見出したのは、胆沢県大参事の安場保和(やすばやすかず)であった。彼を県の給仕に採用するとともに、

「これは将来、大臣参議にもなるべき少年だ。一つ精いっぱい仕込んでくれ」

と、県の史生阿川光裕(あがわみつひろ)に托した。阿川は安井息軒(やすいそくけん)の弟子で、兵学にくわしい謹厳な人であったが、性来の朝寝坊であった。ところが新平を預かってからは、奥州の冬の寒い寒い朝でも、六時になると必ず起きて、

「コラ、いつまで寝とるか、起きろ、起きろ」

と、蒲団(ふとん)を引っ剥(ば)いでおいて、また寝るという風であった。これほど心にかけて仕込まれたのである。彼の大成したのには、阿川の薫陶に負うところが多い。

当時、胆沢県庁では、土地の秀才少年を選抜して、給仕に採用したのであるが、この時、給仕のなかで特に出色なのは、後藤新平と斎藤実(さいとうまこと)と山崎周作(やまさきしゅうさく)の三人であった。山崎は後に新島襄(にいじまじょう)先生に就いて、将来を嘱望されていたが、惜しい哉(かな)、二十五歳にして夭折した。

そうして後藤、斎藤の二人が、日本を背負って、世界

の大舞台に活躍したのである。

明治四年（一八七一）、十五歳のとき、彼は笈（きゅう）を負うて上京し、時の太政官少史荘村省三（しょうむらしょうぞう）の家に、書生兼玄関番として、住みこむことになった。ところがこの荘村という人は、人使いの馬鹿に荒い人であった。彼は下女、下男、書生の三役兼用で、夜寝るひまもない。ある時のごとき、使いに出た途中、歩きながら、ついウトウトと居睡（いねむ）りして、ばったり人に突き当り、

「馬鹿野郎！　気をつけて道を歩け！」

と、平手で力いっぱい、ピシャリと横面をはられて、ハッと正気にかえったなどということもあった。

勉強する暇なんかありはしない。

そこで負けん気の彼は、わざと半分粥（かゆ）のような飯を炊いて、主人に出した。

「なんだ、この飯は！」

と怒鳴られると、彼は直ぐやり返した。

「飯をうまく炊くには、竈（かまど）につきっきりでなくちゃ駄目です。取次をしたり、拭き掃除したり、水汲をしたりでは、こんな半煮ができるのは当り前です。美味（うま）いご飯がたべたかったら、女中を雇ったらいいでしょう」

そうして彼は、一年あまりの後、ついに断念して、再び水沢に帰って来た。

こころ錦の書生さん

彼は十七歳になった。青雲の志は、胸を焦（や）きつくさんばかりに燃えた。

「ああ、いつまでこんな雪深い地に埋もれて、どうなるか」

彼は身悶えして、悩みに悩んだ。

この志を憐れんで、彼に月三円づつの学資を支給する約束をしてくれたのは、恩人阿川であった。おかげで彼は、福島洋学校に入り、ついで須賀川医学校に転ずることができたのである。

「楽しむならば、世界一の豪奢（ごうしゃ）な生活をしよう。苦しむならば、死ぬほどの苦悩をなめるんだ」

それが彼の志であった。そうして須賀川時代は、彼が死ぬほど苦しい勉学に耽った時である。

彼は一日中、腰かける暇もないほど、勉強した。夜はあんまり疲れて、居眠りをしてはならんというので、天井から吊した帯で胴中を縛って、夜更けるまで机の前に座った。朝眼を覚して見ると、ランプの油煙で、鼻の穴は真っ黒であった。

月三円の学資では、紙一枚買う余裕さえなかった。

眠るに夜具蒲団なく、北国の厳寒を凌ぐものは、ただ一枚の赤毛布であった。夏になっても単衣がないので、着古した袷を自分で二枚に剥いで、代るがわる着て歩いた。ある時は、縫目のある方を表にして歩いて、笑われたこともあった。

この垢じみた一枚の綿服に、袴はビリビリに破れて、それを紙こよりで綴ったのが、しまいにはこよりのなかから、袴地が申訳にちょっと顔を出してるほどになった。ちび下駄一足すら満足に揃わず、片っ方は足駄、片っ方は草履という妙な格好で、しかも彼は、昂然と街を闊歩した。

このころ、須賀川で、こんな歌が流行った。

　下駄はちんばで着物はボロよ
　　こころ錦の書生さん。

これは当時の貧しき美青年、後藤新平を歌ったものである。

この不撓不屈の精神は、まもなく学校全体に認められて、二十歳の時はやくも、彼は内外舎長に任命された。内舎生は多く彼と同年輩の学生であったが、外舎生というのは、みんな独立の開業医ばかり。それを年少な彼がどうして取締ることができるか。

彼は外舎長になるとすぐ、二冊の帳面を携えて、舎生一同を一室に集めた。

「諸君は何れも、家に帰れば妻子もあり、塾生もおいている立派な一家の主人である。それが自らを監督することができず、他人の取締を受けることは、大変な不名誉といわねばならぬ。そこで、諸君のうち、自らよく舎則を守り、自ら修むる自信のある人は、どうかこっちの帳面に署名していただきたい。またもし、どうしても他人の取締を受けねば、従来の悪習をやめることができぬという人は、こっちの帳面に名を書いて下さい。さアどうですか」

こう言われては、まさか後の方の帳面に記名することはできない。かくして四十余名の外舎生たちは、まるで自分の息子のような彼の下に、統制に服することとなったのである。

自由党異変

明治九年（一八七六）の八月、暑い盛りに、彼は名古屋に着いて、愛知県病院の一医員となった。月給は十円であった。

彼が須賀川医学校を卒業すると、方々の病院から、引張凧であった。月給二十五円出すから、いや私のと

ころは三十五円出すからと、方々から袖を引っ張られたが、

「四十円以下では絶対にお断りです」

と、みんな振り切ってしまった。その彼が、なぜ、月給十円の愛知県病院に行ったのか。

そのころ愛知県病院は、日本有数の大病院であった。オーストリアの名医ローレッツ博士もいた。

「泳がば大海だ」

月給の額は問題ではなかった。もっと、うんと勉強したかったのだ。

そうして再び、後藤一流の猛烈な努力がはじまった。その努力は、次第に酬いられた。二十三歳で院長代理、二十四歳で院長心得、二十五歳のときには、もう立派な愛知県病院長兼医学校長になっていた。

若い院長さんができたものだ！

明治十五年（一八八二）四月六日、岐阜から急電が飛んで来た。

「板垣刺客ニ刺サレ危篤ナリ。直グ御来診ヲ乞ウ」

有名な自由党異変である。

ところが、そのころの自由党というのは、今の共産主義者よりも、もっと危険分子として恐れられていた。それに、岐阜は管轄外だ。県外出張には県知事の許可を要する。

しかし、彼はすぐ旅支度をはじめた。

「自由党だって何だって、人間にちがいはない。人間の生命を救うのが、医者の役目だ」

そうして職を賭して、岐阜へと急いだのである。

着いて見ると、自由党の壮士達は抜刀を振り廻すやら、竹槍をしごくやら、まるで戦場のような光景であったが、待ちに待った愛知県病院長というから、どんな老大家かと思ったら、まだ二十五、六歳の青二才なので、怪訝な顔をしていた。

その間をすーと通って、籐の長椅子の上に寝ている板垣退助の前に出ると、いきなり、

「御負傷だそうですな、御本望でしょう」

と言った。板垣の頬に微笑がのぼった。

それから抱き起して診察しようとすると、痛いというから、彼はいきなりピカピカする手術用の鋏を出すと、ワイシャツの袖口のところから、鋏で切り開いてしまった。それから丁寧に診察手当をして、

「御心配ありません。傷はみんな急所を外れていますよ。一週間もすれば、起きられます」

と断言した。

そのキビキビした診断、その傍若無人の態度。——

これまでこんな若僧がと、軽蔑していた自由党の壮士たちも、気を呑まれた形であった。

　そうして板垣と二人、病室で差向いでしばらく話しこんだ後、やがて彼が起ち去る姿を見て、板垣は左右のものに呟いて言った。

「医者にしとくのは惜しいもんだ。政治家にすれば、立派なものになるんだが」

結婚・留学

　明治十六年（一八八三）一月、時の衛生局長長与専斎に知られて、彼は内務省御用掛となり、名古屋から東京に出て来た。月給は百円であった。

　そのころ百円というのは、衛生局としては、随分奮発した月給であった。すぐ後に入った帝大出の俊才、北里柴三郎が月給七十円で、

「あんな田舎学校出の風下に我々を立たせるとは怪しからん」

とねじこんで、当局をてこずらせたほどであった。

　もっとも後藤としては、何も月給が目当てではなかった。収入の上から言えば、名古屋では、月給やら往診料やら謝礼やらで、月三百円は欠かなかったのだ。しかし彼は、

「人を医する小医よりも、国を医する大医になりたい」

という、平素の志が達せられるのを喜んで上京したのである。

　彼は時々、医術開業試験の監督として、地方に出張した。すると試験委員たちは、たいてい学士様を鼻にかけて、

「名もない田舎の医学校を出て、委員長も監督もあるもんか」

と、試験答案の採点なんか、時に粗漏なやり方も少なくなかった。それを見てとった彼は、試験委員達にむかって宣言した。

「及第した者は、年来の希望を達したんだから、まあいいとしても、落第した者は、万一採点法に遺憾があっては、実に気の毒だ。予は落第した者の答案だけは、必ず精読したいと思う」

　その後、採点法は、大いに慎重になった。

　明治十六年九月、彼は東京で結婚式をあげた。花嫁は、少年時代からの恩人、安場保和の二女。――これが賢夫人の名の高かった和子夫人である。

　そのころから彼は、日本衛生制度の改革につき、いろいろの献策や実現をなし、「長与局長の懐刀」と言わ

れるようになった。そうして明治二十三年〔一八九〇〕四月、彼は年来の志を果して、いよいよヨーロッパに留学することになった。

目的は主としてドイツ衛生制度の研究であった。

ドイツには、かねて衛生局で彼の競争相手といわれた北里が、すでに留学していた。そうしてコッホ博士の高弟として、その名を世界に謳われんとしていた。すると彼は、すぐ北里を訪ねて、じっと手を握り、

「北里君！　おめでとう。日本のために、うんと頑張ってくれ給え。細菌学では、君はもう大家だ。僕は弟子入りするから、一つ指導してくれ給え」

旧い競争意識なんか、忘れたようなこの言に、北里も目をうるませて、彼の手を握りかえした。

こうして犬猿の間とまで言われた後藤と北里は、以来、兄弟も及ばぬ交りを結んだのである。

相馬事件で入牢

明治二十五年〔一八九二〕六月、二年有余の留学を終えて帰郷した彼は、同年十一月長与の後をうけて、衛生局長の椅子に就いた。

「さア、いよいよ日頃の抱負を実現するんだぞ！」

と、意気込んでいるところに、衛生局長になってからちょうどまる一年後、彼は突然令状を突きつけられて、拘引されてしまった。

問題の相馬事件というのは、伊達騒動にも匹敵するような、実に混み入った御家騒動であるが、事の起りは、相馬家の当主誠胤を、瘋癲なりとして、密室に監禁したのに対し、旧臣、錦織剛清が、これを側近の者の御家乗取りの陰謀なりとなし、ついに巣鴨瘋癲病院から、誠胤を奪い取ったことにはじまる。これは彼の留学前のことで、この時彼は、裁判医学の立場から、錦織に味方したばかりか、誠胤奪取のときには、むしろ主役を演じたのであった。しかしこの時は、何等、裁判上の問題にはならなかった。

ところが、彼の留学中、誠胤は突然、血を吐いて死んだ。すると錦織は、またもこれを以て側近の者の毒殺なりとし、これを告発した。これに対して向うでは、誣告罪で錦織等を訴えて来た。そうして後藤が拘引されたのは、彼が錦織に同情して、三千円の借金証文に、連帯の印を捺してやったことから、錦織の一味と認められたためであった。

しかし身に何の疚しいところのない彼は、未決監に放りこまれても、平気なものであった。すぐ肱枕で、

グウグウ高鼾(いびき)で寝てしまった。

眼が覚めると、

「もし、もし」

と、呼びかける男がある。

「何だ」

「あなた様は、何度目の御入牢ですか」

「初めてだよ」

「へえ！　これは驚きやしたな。ここに入った者は、どんな悪党でも、初めての晩はどうしても寝つかれないものです。それを高いびきでお寝(やす)みになるところを見ると、よほど名のある親分でしょうな」彼は危く吹き出しそうになったが、わざと昂然として答えた。

「そうだ、わしは後藤新平という、日本一の大親分だ」

予審に廻ってからも、彼は思い切ったことをズケズケと言って、しまいには、どちらが調べられているのか、わからなくなった。

「余計なことを申すな。其方が余計なことを言うから、審理がちっともはかどらない」

すると彼は、フフンと鼻先で笑った。

「取調べがはかどらんのは、あなたの調べ方がまずいからですよ」

そうしていよいよ錦織のために、三千円の連帯借金をしてやった問題に及ぶと、彼は少年時代、父君実崇から教わった

　さかりをば　見る人多し　散る花の
　　跡を訪(と)うこそ　情なりけれ

という歌を引いて、

「錦織の景気のよい時は、何かと寄附したり、援(たす)けたりしていた連中が、錦織の旗色が悪くなると、見向きもしない。こんな時に恵んでやってこそ、本当の情だと思ったからです」

と答えた。予審判事は怒鳴りつけた。

「黙れ、一円二円ならいざ知らず、三千円という大金を、何が同情一滴の涙だ」

すると彼は、底力のある声で答えた。

「左様、あなたは多分そう思うでしょう。しかし、あなたと私では、人間の桁(けた)がちがう」

「なにッ、どう桁がちがうのだ」

「五位鷺(ごいさぎ)と鷹ほどちがいます。あなたにとっては一円二円が同情の極致でしょうが、私にとっては、三千円、五千円も、ほんの同情、涙の一滴です。あなたには、私の心はわかりません」

凛たる彼の声が、予審廷を圧した。

後藤閣上

相馬事件は、彼の生涯にふりかかった大きな災難であった。しかし、一世の快男児後藤新平の名を、天下に高からしめたのも、また相馬事件であった。

保釈出獄を許されたのが、明治二十七年（一八九四）五月二十五日。冤（えん）全くはれて青天白日の身となったのが十二月七日。

その間に、日清の戦局はいよいよ進んで、だんだん終局に近づきつつあった。

明治二十八年（一八九五）春のある日、一人の壮漢が、野戦衛生長官石黒男爵の旅宿の前に現われた。

「石黒さんはいますか」

「は、石黒閣下ですか」

「そうです。後藤閣上が訪ねて来たと、取次いで下さい」

呆（あ）ッ気にとられて、その旨を取次ぐと、石黒は腹を抱えて笑った。

「負けん気の奴じゃ。閣下が癪（しゃく）にさわったと見えて、自分のことを閣上とぬかす。そんなことを言う奴は、後藤新平より他にない。すぐ上げろ」

通して見ると、果して後藤新平に相違なかった。

そのころ大本営での大問題は、いかにして凱旋兵の検疫を実行するかであった。これを怠れば、戦地から持って来た流行病が、日本全国に蔓延（まんえん）して、とんでもないことになる。さりとて、こんな急場の大仕事をしとげるには、よほど図抜けた腕ききでなくてはならぬ。

そこで石黒の推薦で、牢から出たばかりの後藤が、臨時陸軍検疫部の仕事を引き受けることになったのである。

「それで、経費はどのくらいかかりますかな」

陸軍大臣代理の児玉源太郎将軍が、そうたずねると、彼は即座に嘯（うそぶ）いた。

「まず、ざっと百万円」

そばにいた石黒がびっくりして、

「おい、君はそんな大きなことばかり言うから駄目だ。百万円は話がでかすぎるよ」

と、袖を引いたが、彼は平気な顔で、

「百万円以下でできるというなら、あなたやって御覧なさい。私のそろばんでは、どうしても百万円以下じゃ、駄目ですよ」

すると、今までじっと聞いていた児玉が、きっと居ずまいを直して口を開いた。

「後藤さん、百五十万円あれば、きっと完全な検疫が実行できますか」

「はア、それだけあれば、勿論……」

「それでは、あなたにお任せします。どうかやって下さい」

　これにはさすがの後藤も、自然と頭が下がった。百万円と切り出したのを、向うから百五十万円と値上げするところ、さすが児玉さんは、聞きしにまさる傑物だと。すっかり感心してしまった。

　彼が三面六臂の大活躍をしたのは、この検疫の仕事であった。朝早くから夜おそくまで、息つくひまもなかった。そのかわり、枕に頭がつくと、すぐに高いびきであった。

「閣下は実によく熟睡なさいますね」

と言うと、

「貴様達は一体、何のため床に入るのだ。俺は睡るためなのだ。考えることがあったら、起きて考える」

と答えた。そうして部下のものがへこたれて、

「もう駄目です。とても人間業では、できません」

と訴えると、彼は頭から怒鳴りつけた。

「そんなら人間以上の力を出せ！」

　そのかわり、ずいぶんと無理を押した。あらゆる怨嵯と非難とは、彼の一身に集った。だが、人生非難を避けて、大事業の達せられたためしはない。

　やっと検疫部の仕事が終って、ほっとしたとき、児玉は彼をよんで、ニコニコしながら、

「や、まことに御苦労様でした。これはあなたの月桂冠ですよ」

と言って、一束の手紙を彼に手渡した。開いて読んで見ると、ことごとく、後藤は国賊だ、殺してしまえの、すぐ辞めさせろのと、激烈な攻撃文ばかりであった。その非難攻撃を、児玉さんが一身に引き受けて、いままで黙って自分を庇って下さったのかと思うと、さすがの彼も目頭が熱くなるのを感じたのであった。

台湾民政長官

臨時陸軍検疫部の大仕事を、立派にしとげた彼は、まもなく衛生局長に復活した。

　ところがここに、一大問題がもちあがった。それは日清戦争の結果、わが領有に帰した新領土台湾を、どうするかという問題であった。

　講和談判のとき、清国の全権李鴻章は、

「日本が台湾を領有なさるのはいいが、あの島には有

名な、阿片に土匪という二大害悪が巣喰っている。うっかりすると、手を焼きますぞ」

と、警告した。これに対してわが伊藤博文は、

「心配御無用！　それにはちゃんと、成案がある」

と言い切ったが、本当のところは、樺山大将、桂大将、乃木大将というような錚々たる人物が、次から次へと総督になって行ったのだけれども、みんな台湾統治には、手を焼いたのであった。そうしてしまいには、いっそ台湾を一億円で、フランスに売ってしまおうか、というような議論さえ、まじめに論ぜられるに至ったのである。

その台湾に、児玉源太郎将軍が、総督として赴任することになった。そうして彼はその下に、民政局長（後に民政長官）として抜擢されたのである。

赴任前から、児玉総督の評判は、馬鹿によかった。これに反して、後藤民政長官の下馬評は、無茶苦茶に悪かった。

「あんな内務省の持て余し者を、民政長官にするなんて、沙汰の限りだ。台湾こそいい迷惑だ」

そんな社説が、堂々と台湾の新聞に載った。

だが、彼は歯牙にもかけなかった。

「今に見ろ！」

また彼の友人知己も、たって彼の台湾入をひきとめた。

「君はよく児玉さんという人を知らないんだ。あれは陸軍でも有名な干渉家なんだよ。今に君は手を焼くぞ」

しかし彼は平気であった。彼は先年、人傑児玉の偉さを、ちゃんと知っていたからである。

もっとも彼は、台湾に渡るとき、三百円だけは別に封筒に入れて、抽出のなかにしまっておき、どんなことがあっても、それだけは手をつけないでおいた。

役人が赴任してから、三カ月経たないうちに免職になると、帰る旅費をくれない。その三百円は、その時の用意だったのである。

彼はそれほどの悲壮なる決心をもって、台湾島に渡ったのである。

阿片と土匪

世に阿片の害ほど怖ろしいものはない。ために民は生色と活気を失い、蓬莱島といわれた台湾も、阿片のために滅び去らんとしていたのである。

さりとて阿片を厳禁しようものなら、おそらく台湾全島は、叛乱の巷に化したであろう。放っておけば、

台湾は自滅の他はない。

しかし、この点について、医者上りの後藤民政長官は、自信をもっていた。それは**阿片漸禁策**である。一旦阿片をのみはじめて、もう中毒しているものは、止むを得ない。医者の診断書を持っているものに限って、阿片を売ってやる。しかしこの弊習にまだ陥らぬものには、断乎としてこれを禁止し、禁制を破るものは厳罰に処する。そうして、この悪習者が死に絶えたとき、はじめて阿片禁止の効果があがるのである。

この阿片漸禁策は、一口に言ってしまえば、まことに簡単であるが、さて実際に施行するとなると、その方法が穏健着実であるだけに、種々雑多の困難に逢着する。それを辛抱づよく克服して、ついに台湾から、阿片の害悪を追い出してしまったところに、彼の偉勲があった。

それは、今でも、世界の文化史に燦として輝く彼の功績である。

阿片よりも、もっと手近の害悪は、**土匪**〔土着の地域武装勢力〕の難であった。彼が赴任した当時には、台北の郊外を一里も出ると、もう物騒で一人歩きはできぬという有様。台湾には由来「三年小叛」、「五年大叛」という諺があって、この土匪の跳梁のために、生産はあがらず、全島は日に日に荒廃に帰しつつあったのである。

それをどうしたらいいか。

しかるに彼は、この土匪討伐について、意外なる助力者を得た。それは恩師阿川光裕が、当時、総督府の小役人になって、台北にいたことであった。

「新平、これはなア」

と、偏屈じいさんが言うと、あの堂々たる民政長官閣下が、

「へぇーッ」

とお辞儀をするのを見て、人々は怪訝な顔をしていたが、この阿川こそは、土匪招降の方法を献策実行して、台湾島を平定した殊勲者の一人であった。

「武力で土匪を討伐するのは、かえって土匪の害を猖獗ならしめ、良民を苦しめる所以である。まアわしたちにやらせて御覧。土匪だってもとは良民だ。情理をもって説得し、彼等に生業の道さえ与えれば、きっと投降して皇化に服させることができるのだ」

それが阿川の招降策であった。そうしてその言葉の通り、彼等の活動により、土匪は風を望んで続々と投降して来った。

その最初の招降式には、民政長官自ら臨場した。

「なァに、護衛なんか一人もいらんぞ」

と、単身土匪の巣窟に乗りこんで、彼等の度肝を抜くとともに、虎狼よりも恐れられていた土匪の頭目を、脚下に跪づかせたるその威風！

　かくして台湾全島は皇化に服したのであった。

えらい修業をしたね

　阿片と土匪についで、最も重要なる仕事は、どうして台湾の**産業**と**経済**とを、盛んならしめるかという問題であった。このために彼は二十年計画を建て、六千万円の事業公債を募って、鉄道・築港・土地調査の三大事業を完成し、樟脳・阿片・食塩の三大専売法により、台湾の経済と財政とを独立させようという案であった。

　この台湾再建設案を書類にすると、厚さが三寸にもなった。それを一覧すると、児玉は
「うん、これは一週間以内に立たねばならんな。君、用意はしてあるか」

「別に用意はありませんが、立つなら今晩でも立ちます」

　こうして彼は、台湾事業公債案を携えて、上京した。すると政府では魂消てしまった。何しろ六千万円といえば、今の六億円にも当る巨額だ。

「君、児玉がこんな電報をよこしたが、気が狂ったんじゃあるまいな」

と、山県総理大臣がいう。そこで彼が極力説明したので、やっと納得はしたものの、この際六千万円は、何としても多すぎる。ひとまず四千万円ということにして、台湾の児玉総督に電報を打つということになった。

「よろしうございます。打てとおっしゃるなら打ちますが、誰の名前で打ちますか」

「無論、君の名前で打つのだ」

「それはできません。私の名前で打てば、民政長官は政府の話を承知したことになります。児玉総督が内閣と意見が合わぬときは、私は総督に従って、内閣に反抗しなければなりません。私の名前で打つことはできません」

　さァ山県首相が怒ったの何の、真っ赤になって怒った。そばにいた円満主義の桂陸相が、

「君、そう言わんで、総理の言われる通りに、打ち給え」

　と取りなしたが、彼はどうしても肯かなかった。そうしてとうとう、山県総理が、

「よし！　そんなら俺が打つ！」
と言って、秘書官を呼んで打電させた。そうして間もなく児玉総督の承諾の返事が来て、台湾事業公債案は、四千万円で議会に提出されたのであるが、ここでまたまた五百万円の減額をうけた。

そうしてやっと予算が成立して、台湾に帰ってゆく彼の心は、喜悲交々至るの感があった。この時の内閣および議会に対する折衝こそ、彼が生れてはじめての政治的活動であったのだ。

彼が台湾に着いた時、児玉総督は南方に巡遊して留守であった。

「そうれ見ろ、六千万円を三千五百万円に減額されて、どの面さげて帰って来るのだ。その顔が見たくないから、総督はわざと巡遊にでかけられたんだ」

そんな陰口をいうものすらあった。しかし総督は、彼に会ったとき、「御苦労だった」とも「まァよかったね」とも言わないで、たった一言、

「君もえらい修業をして来たね」

と言った。彼はさすがに児玉さんだなァ、と思った。

この事業公債の成立により、台湾の産業経済は全く面目を一新した。二十年はおろか十年待たずして、台湾ははやくも経済的にまた財政的に独立し、今では日本の宝庫の一つとなっているのである。

満洲の野に

日露戦争がはじまると、児玉は満洲軍総参謀長の重任についた。

「台湾には、後藤をのこしてあるから安心だ」

そう言って、児玉は、帝国の運命を双肩に担い、満洲にその智謀を傾けたのである。

戦局ようやく進んで、わが軍大捷利の形勢が明らかになったころ、彼は満洲に渡って、久し振りに児玉に会った。

「御努力によって、連戦連勝、おめでとうございます」

「ありがとう、だが、我々の仕事はこれからだぞ。戦後に真の戦争が来るじゃ」

「や、そのことなら、私も多少の政策をもっています」

彼は思わず、膝を進めた。そうして二人は、額を集めて、戦後の満洲経営について相談した。その結果、達したところの結論は、英国の東印度会社の実例に鑑み、戦後は満洲に、半官半民の大会社を起し、これを中心として、大いに大陸経営を行おうということであった。

国の内外を問わず、ほとんどすべての人が、戦争に熱中していたとき、この二人の漢子(おのこ)だけは、すでに戦後の大経綸に、思いを潜めていたのである。

そうして、戦後に成立したのが、南満洲鉄道株式会社であった。

従って初代の満鉄総裁は、後藤を起用して、縦横の快腕を揮(ふる)わせようとは、元老、重臣、大臣、ほとんどすべての一致した意見であった。彼もまんざら嫌(いや)ではなかった。しかしこの大任を担うについては、その前に、まず国内の勢力を一定の方向に糾合しておく必要がある。このために彼は元老山県と談判し、首相西園寺と交渉し、さらに児玉と意見を交換した。

「まァ、もう一度よく考えて見給え。これはこの際、国家のために、どうしても君が、一肌ぬがねばならぬところじゃよ」

「は、では一応よく考えて見ます」

そう言って別れた翌朝のことであった。

朝七時ごろ、彼は電話のベルで、夢を破られた。

「あ、もしもし、後藤閣下でありますか」

「左様、後藤です。あなたは?」

「児玉の宅ですが、主人が危篤で……」

「えッ児玉さんが?」

彼はほとんど、わが耳を信ずることができなかった。しかし、彼が息せき切って駆けつけた時には、哀れ児玉将軍は、不意の脳溢血のために、もはやこの世の人ではなかった。

「昨日まで、あんなに元気で、議論した人が……」

そう思うと、万感交々胸に迫って、涙も出なかった。だが、それと同時に、悲壮な決心が、胸のなかに湧き起るのを覚えた。

「児玉さん、安心して目をつぶって下さい。満洲のことは、不肖新平が、命にかけて、きっとやりとげます!」

児玉将軍の弔合戦!

そうした感激を抱いて、彼は満洲に渡ったのである。

箸同盟

彼が初代の満鉄総裁として、何をなしたかは、ここに縷述(るじゅつ)する必要はない。彼が満洲にのこした大きな足跡は、いまもなお現在の満鉄のなかに、生々(いきいき)とのこっている。否、その後建国されたる満洲帝国のなかにすら、彼の息づきは、明らかに感じられるのだ。

ただ、ここに特筆しなければならぬことは、彼が満鉄を、単なる一大会社とは見ていなかったことである。

満鉄は、ひとり欧亜連絡の大動脈であるばかりでなく、日本の大陸経営の大きな土台石だ。

　そこには北よりするロシアの勢力と、南よりする支那の勢力とが、伸びゆく日本の国力と衝突して、三つ巴の渦をまいているのだ。この故に、アジア大陸における日本の国策を遂行するためには、どうしても、支那およびロシアに対する国交を調整しなければならぬ。

　そう彼は考えた。

　そうして彼は、満鉄総裁として、北京を訪ね、清国皇帝および西太后に拝謁するとともに、露都に赴いて、当時の大臣達と折衝した。

　彼が北京を訪れたときのことである。天津には、袁世凱がいた。支那との間の問題を解決するには、まず北洋の実権者たる袁世凱を、自分の掌のなかに丸めこまねばならぬ、と、彼は考えた。そこで、帰途、天津に立ち寄って、袁を訪ねた。

　この時、万事に抜け目のない彼は、わざと支那服を着て、袁世凱の招宴に出席した。そうして宴ようやくたけなわになったころ、彼は二本の箸をあやつりながら、

「ね、袁さん、これからは、どうしても、『箸同盟』をつくらなくちゃア、駄目ですな」

と言って、ニコと笑った。

「え、箸同盟というのは？」

「御覧の通り、日本人も支那人も、みんな箸で御飯をたべる。箸がつかえるのは、世界中で、日本人と支那人だけです。この箸をつかう二大民族が、強固な連絡をつくって、アジアの復興をはからねば、東洋の平和をいつまでも保たれぬということですよ」

　この当意即妙なる提議には、さすが海千山千の袁世凱も、煙にまかれた形であった。思わず膝をうって、

「そうです、そうです、まことにそうです」

と、即座に賛成した。

　しかしこれは、単なる宴席の洒落ではなかった。彼の日頃の理想は、日本と支那との間に、強大な経済的連鎖をつくり、両国をもって、世界経済の一大単位たらしめようというにあった。後に彼が、一億円の資本を投じて、東洋の一大金融機関をつくり、以てアジアの形勢を制しようと企てたのも、この国策のあらわれであった。そのとき、支那において、彼の計画に賛成したのは、すでに肝胆相照していた袁世凱であった。

「どうも日本の政治家は、みんな近視眼だけれど、ただ後藤さんだけは、遠眼鏡をもっている」

と、評されたのも、これらのためであった。

逓信大臣兼鉄道院総裁

明治四十一年(一九〇八)七月、第二次桂内閣成るや、彼は抽んぜられて、逓信大臣兼鉄道院総裁の要職に就いた。

時に、五十二歳の働き盛りであった。

彼はすでに、台湾と満洲において、国家のために偉勲をたてていたけれども、中央の政界においては、全くの新米大臣にすぎなかった。にもかかわらず、新閣僚の名前のなかに、「後藤新平」という名を見出すと、世はこぞってそれに拍手喝采した。

彼は一躍して、政界の花形役者になったのである。

彼のことを、大風呂敷だと言って、非難するものがあると、彼は鼻眼鏡を光らせながら、気焔をあげた。

「大風呂敷だって? 俺が台湾や満洲で拡げた風呂敷に、余の布があったら、誰でもいい、そこを切り取って、もって来て見せてくれ」

それにも世人は、ワーッと言って、喝采した。

彼は間もなく、桂内閣の参謀長のような形になった。桂内閣ほど、沢山の仕事をのこした内閣はすくない。その智恵袋が、彼であった。

ある日、尾崎行雄が、桂首相を訪ねてゆくと、すでに先客があって、主人との間に賑やかな話声が聞こえた。誰かと思って聞いて見ると、後藤新平であった。

やっと彼が辞し去ったので、尾崎は桂と会見していると、十分も経たぬうちに、また来客の案内があった。

「どなたかお見えになったようですが」

「なアに、後藤ですよ」

「後藤というと?」

「後藤新平ですよ」

「え、彼はさっき、帰って行ったはずですが」

すると、桂はニコニコ笑って、

「あれがあの男の癖ですよ。何か私に献策して、帰って行って、帰り途の馬車のなかで、ふいと新しいことを思いつくと、すぐまたやって来るんです。多い時は、日に五度も六度も来る。もっともなかには、とても実行できないような案もありますが、十に一か二つは、実に天下の名案、凡人のとても思いつけない名案があるのです。だから、あの男は捨てられないのです」

一方、彼はまた、当時流行の尖端をゆく赤革のゲートルを穿き、鼻眼鏡をかけて、日本全国を巡遊して歩いた。そのこんこんとして尽きざる精力と、その溌刺たる風貌とを見て、世は彼を「和製ルーズヴェルト」

とよんだ。

鉄道院や逓信省の官庁を巡回する時には、彼はいつでも、まっ先に、便所をのぞいた。それから炊事場に飛びこんだ。便所と炊事場とが清潔なところは、きっとうまく行っているというのである。そうして、一応視察がすむと、彼は役人や従業員を集めて演説をした。

「鉄道精神は信愛主義にある。ただ、お客様や人間に親切にするばかりでは駄目だ。一塊の石炭、一梱の荷物にも、親切をつくすのでなければ、ほんとの信愛主義ということはできぬ。石炭を焚くにも、能率があがらなくては、折角の石炭が可哀相だ。荷物を積みこむにも、箱が壊んでは荷物が可哀相だ。こうした親切心が、物にまで徹底して、はじめて信愛主義は立派な鉄道精神となるのである」

彼の吹きこんだ信愛主義によって、日本の鉄道には、新しい精神が燃え上がった。いまでも鉄道関係者の間に、彼が「鉄道の親父」のように言われているのは、このためである。

厳島夜話

桂第二次内閣のとき、天下を聳動したところの大事件は、公爵伊藤博文が、ハルビン駅頭において、韓人安重根のために、ピストルで暗殺されたことであった。

この事件が契機となって、日韓併合問題は急転直下し、後藤は拓殖局副総裁として、併合問題に関与するようになったのであるが、彼の一身にとって、伊藤公の横死は、もっと深長な意味があったのである。

それは明治四十年（一九〇七）の春、厳島における伊藤との対談であった。

彼は早くから、大アジア主義の理想を抱き、それを実現すべき大人物として、伊藤を求め得たのであった。然るに伊藤は、はじめ、全く冷淡であった。

「一体、大アジア主義とは何だ。国際間の情偽も察せず、そんな言を弄するから、それで外人が黄禍論なんかを叫ぶんだ」

「そうではありません。支那をして日本に頼らしめ、東洋人自ら東洋のために計る根本策は、あたかも米国のモンロー主義のごとく、全く自衛の目的に出ずるものであって、決して黄禍論などの出ずべきはずのものではありません」

「よし、大アジア主義を東洋政策とするのはいい。ただ、支那の政治家中、よく君の論旨を理解する者があるか。また、それを実行する実力ある政治家はあるか」

「支那の政治家にして、共に東洋政策を語るに足らずとせば、ここに第二策があります」

「第二策とは何だ」

「それは**欧洲列強、殊に露、独、英、仏の四国と協力して、支那の安全と東洋の平和を図ること**であります。今の日本の政治家中、これをなしうるものは、あなたの外にはありません。あなたが欧洲を漫遊なさることは、禅門のいわゆる無一物即一物で、何の形式的使命を帯びずとも、東洋の安定を確保する偉業を成しとげうるのであります」

彼は頬をほてらし、瞳を輝かして、伊藤を説いたけれども、伊藤は何としても話に乗って来なかった。論じ去り論じ来って、二日二晩、彼はもはや失望落胆して、厳島白雲洞の旅宿に、渓流の音を耳にしながら。

「ああ、かくして東洋の大事は去るのか！」

と、ただひとり悲痛の思いを抱いて、端座していたのであった。

夜の十二時過ぎであった。突然、伊藤の宿から迎えの使いが来た。行って見ると、伊藤はまだ酒盃を手にしていたが、やがて女中を遠ざけると、急にまじめな顔になって、

「君の意見はこれまで誰かに洩らしたことがあるか」

「事は国家の重大問題です。それにこれを理解しうる大人物は、あなたの外には見当りません。今まで誰にも話さなかったのは、そのためです」

「そうか、山県には？　桂には？」

「まだ話しません」

すると伊藤は、きっとして言った。

「よろしい、俺がよいというまでは、誰にも言うな。熟考の上、いずれふるって実行に当ることにする」

こうして、伊藤は韓国統監を辞した後、彼の献策を容れて、東洋政策の根本義を定めるため、ヨーロッパの漫遊の旅に上ることになった。そうしてその途上、ハルビン駅頭において、非業の最後をとげたのである。

訪露の旅

伊藤を説いて欧州漫遊に旅立たしめたのは彼であった。

春秋の筆法を用うれば、後藤、ハルビンに伊藤を斃(たお)れしむ、であった。

彼は悲報を握って長大息した。

「噫(ああ)！　大事去る！」

ところが間もなく新聞に、桂の談話として、

「伊藤公の遺志は我輩がつぐんである」

そんな記事が出ているのを見て、彼は胸のなかに、一道の光明がさしこんだように思った。

そこで閣議の席上、

「新聞にこういう記事が出ていましたが、あれは本当ですか」

と尋ねた。

「うん、それに間違いない」

「それではお話ししなければならぬ重大な問題があります。今日の午後、ゆっくりお会いしたいのですが」

「何だそれは」

「いや、話はその際申し上げます」

そうしてその午後、二人が差向いになると、彼はすぐに口を切った。

「実は伊藤公をハルビンで殺させた責任者は、私なのです」

「えッ！」

さすがの桂も眼をみはった。しかし、厳島会見以来のことを、諄々（じゅんじゅん）として物語る後藤の話を聞いているうち、桂の心は次第に動かされたらしかった。

「よろしい。それではいずれ時機を見て、伊藤公の遺志を継ぎ、我輩が東洋政策の根本義を定むべき、巡遊の旅にでかけるとしよう」

こうして、桂は円満に内閣を西園寺に譲り渡すと、しばらく閑地に就いた後、後藤と相携えて欧州漫遊の旅に出かけることになったのである。

しかるに、ああ、またも何たる不幸ぞ！

一行が露都に到着する前夜に、明治天皇御不例の電報が、東京から飛び来たったのである。

こうして一行は、すぐに露都から引き返さなければならなかった。

明治天皇崩御！

その報が達したのは、帰途にありし一行が、ようやくシベリアにさしかかったころであった。

その翌夜は、十五夜であった。

彼は高原にかかる皓々（こうこう）たる明月を仰いで、ひとり無限の感慨に耽った。

ああ！ 運命のなんぞわが志に無情なる！ ひとたびは伊藤公横死のために破れ、いままた、志まさに成らんとして、この国家大不幸事のために、中道にして事止（や）まんとは！

しかも帰朝し来れば、力と頼む桂は、元老と首相の勧説により、ほとんど強要的に雲深き内府にかくらされ、まもなく時勢の変に応じて、桂が第三次内閣を組織すれば、澎湃として起りし憲政擁護運動のため、組閣わずか二カ月にして、桂冠せざるをえぬ羽目に陥ろうとは！

彼はこの内閣にも、逓相兼鉄道院総裁として入閣していたが、この倒閣運動をもって、政友会と薩派との策謀であるとなし、

「あくまで頑張りましょう。桂さん、あなたがどうしても辞めるなら、あとは私が引き受けます」とまで極言したが、さすがの彼も、時流の勢には抗しえなかった。彼は歯ぎしりした。

しかしそれほど頑強であった彼も、いよいよ総辞職と決定すると、わりにノホホンとしていた。

「政治というものは、勝負事と同じだ。今日は自分より弱い奴に負けるかと思うと、明日は自分よりずっと強い奴に勝つこともあるんだ。だから敗けた時、気にしてはいけない。蒲団を引っ被って寝てしまえばいいんだ」

そう側近の者に語った。

本因坊とざる碁

第三次桂内閣の瓦解後、しばらく野にあった彼は、大正五年（一九一六）十月九日、寺内内閣成立するや、副総理格として入閣し、内務大臣兼鉄道院総裁の要職に就いた。

寺内内閣は「秉公持平」を標傍する超然内閣であった。故に少なくとも、議会に多数を制せる反対党の憲政会を破るにあらずんば、政局を維持することはできなかった。

衆議院は解散になった。然るにその大事な土壇場に、彼は重い肺炎にかかって、病床に倒れたのである。彼は熱にうなされながらも、怒鳴った。

「おい、まだ地方長官会議の訓示の原稿はできないのかッ」

そうして、寝たままで、その草稿に朱筆を入れると、

「いいか、その『不自然なる多数党』という文字だけは、決して削ってはいかんぞ」

この訓示は、内務次官をして代読させたのであるが、それがひとたび発表されると、あまり猛烈に真っ向から反対党をやっつけているので、世人をびっくりさせた。

憲政会は勿論、赫々になって怒った。

彼の全身は闘志に燃えていたのである。

しかし彼は一方、準与党たる政友会にも、ある程度

の警戒心を持っていた。

「憲政会の多数を破るのは必要だが、さりとて政友会が絶対多数を得るのも、同じように危険だ。官僚内閣の庇護（たすけ）によって太り、然る後これを噛み殺すのが、これまでの政党の伝統的方策なのだ。きっと飼犬に手を咬まれる時が来るにちがいない」

そう考えた彼は、個人としては、子飼の中立議員を援助することに全力をつくした。

内閣の絶対的後援を期待していた政友会が、それに満足しそうなはずはなかった。総裁の原敬が、すぐにねじこんで来た。しかし彼は、例の稚気をおびた微笑をふくんで答えた。

「君は選挙にかけては、日本一の玄人じゃないか。碁で言えば本因坊だ。僕は田舎のざる碁だよ。

素人のざる碁が、どんな定石はずれの石を置こうと、本因坊が苦情を言うのはおかしいね」

総選挙の結果は、彼の思う壷であった。憲政会は惨敗して第二党におち、政友会は第一党になった。だが、絶対多数を制するには至らず、六十八名の中立派が、キャスティング・ボートを握ったのである。

これによって政局は安定を得た。

大正七年（一九一八）四月、彼は突然、外務大臣に転じた。世はこれを意外としたが、彼は心中ひそかに、伊藤、桂の遺業をついで、大いに東洋政策を実行するの抱負に燃えていたのであろう。

もっとも、その後間もなく、寺内内閣がつぶれたので存分の活動はできなかったが、型破りの彼の外交は、霞ヶ関に一異彩を放った。

シベリア出兵問題について、米国大使が、その軍の行動の範囲を限定しようと言って来ると、彼はただ一言、

「それ兵は勢なり」

と答えた。それで問題はおしまいになった。

「どうも後藤さんの通訳には弱ったよ。『定九郎内閣』だの『銀ブラ外交』なんて警句が、ピョンピョン飛出すんだからね、こんな英語はないよ、君」

そう当時の外務省の幕僚は述懐した。

われらの東京市長

大正九年（一九二〇）十二月、東京市会は満場一致をもって、彼を東京市長に推した。時に六十四歳、まだ一度も首相の印綬（いんじゅ）を帯びたことはないが、すでに首相級の大政治家と見られていた。

無論、彼は断った。しかし市民の熱望と、原首相および渋沢栄一等の勧説とに動かされて、ついに「大市長」の椅子に就くことになった。

後藤市長の俸給は、最初二万円ということであった。すると彼は、

「二万円？　ケチなことを言うな。二万五千円よこせ」

そう言って、二万五千円に増額させてしまった。変なことをすると思っていると、彼はその二万五千円を手つけずに東京市に寄付してしまい、その俸給に対する所得税三千円まで自腹を切った。

機密費にも一文も手を着けずに、全部身銭を持ち出した。

東京市長になると、彼はすぐ市内電車に乗って、市内を巡回してあるいた。市設食堂の縄暖簾もくぐった。共同便所も覗いて見た。細民街も訪れた。その姿を見ると、市民たちは、

「われらの市長」

と、大よろこびであった。

彼が東京市民をあっと言わせたのは、有名な八億円計画であった。それがひとたび発表されると、また後藤の大風呂敷がはじまったぞと、苦笑いするものもあったが、ただ一人、驚かぬ男があった。それは安田善次郎であった。

「後藤さん、八億円とは、あなたにしては、小さ過ぎやしませんか。それっぱかりで、大東京の経営ができますか」

「うん、八億円あれば、できないことはない。しかし築港は別だよ」

「築港が別なら、できないことはないでしょう。実はもっと大きな金がいるかと思っていましたが、八億円ぐらいなら、私の財産を傷つけずに引き受けられます。御安心下さい」

自信あるものの如く、安田はそう言った。それは安田がはやくから、一つの大きな目論見をもっていたからである。それは、全国的な大貯蓄銀行案であった。

「一般民衆のためにする貯蓄銀行は、まだ日本ではよく発達していない。これは一つの国家的事業だ。この安田が、老後の憶い出に、草鞋をはいて、全国を行脚して歩けば、日本の津々浦々に支店をもつ立派な貯蓄銀行ができるにちがいない。これで一方、国家の癌たるボロ貯蓄銀行を駆逐するとともに、これで吸収した資金によって、大東京の建設につくしたい」

それが安田の志であったのである。

惜しい哉、安田は間もなく兇刃に斃(たお)れ、後藤もまた市長を辞めて、八億円計画は実現さるるに至らなかったが、安田の寄附による市政調査会と市公会堂とは、立派にできた。

彼がそのために、安田を説こうとした時、側近の者はみんな彼を引き留めようとした。

「およしなさい。安田はこれまで、公共事業に寄附したことのない、有名なけちんぼですよ」

すると彼は笑って答えた。

「そこがこっちのつけめなんだ。気に入らねば、済生会にでも、一文も寄附しないというような我儘者(わがままもの)でなくては、とてもこんな大きな話にはのらない。二代目三代目で、親の財産を後生大事に守っている奴には二百万三百万というような大きな話はむかない。そこは安田は、自分のつくった財産だからなア」

そうして、それは彼の言った通りであった。

ヨッフェの来朝

彼の東京市長時代に起った大問題は、ヨッフェの来朝であった。

「東洋における英米の跳梁を制して、東洋和平の大経綸を行うには、ロシアと提携するよりほかはない。対露問題の解決なくして、東洋政策の実行は不可能である」

それが彼の意見であった。

しかもその当時、シベリア出兵問題がこじれて、ついに尼港(にこう)事件まで起り、日本とロシアとの間は、まさに国交断絶の有様であった。

そのときヨッフェが、極東全権として、支那にやって来たのだ。彼は考えた。

「これは大変だ。もし支那が先に、ロシアと結ぶようなことがあったら、日本の国際的地位は根底から崩されてしまう。これは急に、何とかしなくちゃいかん」

そうして、ヨッフェがたまたま、北京で持病のリューマチに弱っているのを見ると、すぐ使をやって、

「一つ日本の温かい温泉にでも来て、ゆっくり御療養されてはどうか。英米の圧迫のため、適当な療養地さえ得られず、御困難の情を拝見して、日本人としての任侠心から、特にそうお勧めするのです」

そう伝えさせた。

ヨッフェ来朝のことが、具体化しはじめると、彼はすぐに東京市長を辞職した。

「東京市長の仕事も大切にはちがいないが、ここまで

基礎ができれば、俺でなくったって、誰にでもできる。日露国交調整の方は、俺より他にできる奴は一人もないんだ」

そういう彼の心中には、悲壮な決心があったのである。

「いよいよ俺が伊藤公、桂公の遺志を果さねばならぬ時が来たのだ。自分一個の政治的生命のごとき、もはや問題でない」

彼が熱海でヨッフェと交渉をはじめると、日本の朝野からは、猛烈な反対が起った。はては、後藤赤化せりと称して、彼の身体に対しての迫害すら起った。

しかし、彼は一歩も退かなかった。

「君達は、わが国体を、一ヨッフェの来朝ぐらいでぐらつくような、基礎薄弱なものと思ってるのかッ」

そう彼は真ッ向から叩きつけた。

ヨッフェのような老獪で、しかも鋭い頭脳の閃きをもった辛辣な外交家に対しては、当代後藤ほどの相手はなかったであろう。彼が例の開けッ放しで、誠心をそのままに吐露するとき、彼の人情味あふるる心は、ヨッフェの感じ易い心に沁みこんだ。

彼とヨッフェとは、一見旧知のごとく、話は案外すらすらと運んだ。

事のついでに彼は、当時喧ましかった北洋漁業問題までも解決した。そのときロシア政府から来た返電には、つぎのような意味のことが記されてあった。

「日本政府の照会には応じ難いが、後藤子爵の友誼ある誠意を感じて、このことを承諾する」

こうして彼は、日露国交調整の土台をこさえて、後を外務省に引き継ぐと、彼はやっと重荷をおろしたように、例の豪傑笑いをした。

「これがつまり、俺の国民外交というものさ。アハハ……」

帝都復興

関東の大震災――それは近時の日本人の生活に、異常なショックを与えた大事件であった。

「古きものはことごとく亡び去った。浮薄にして軽佻、不真面目なりし過去の生活は、亡び去ってしまった。そのあとに、新しき、力あるものが、建ち上げられるのだ。その力は、この五尺の小躯にこもっている。然り、この腕一本、脛一本でもって！」

いま卒然として、この文章を読むならば、何だか空元気のように、聞こえるかも知れない。しかし、それが当時の偽らざる気持ちだった。

そうして、帝都の市民が、否、日本の国民が、信頼の眼眸（まなざし）をもって、等しく見上げたものは、内務大臣兼帝都復興院総裁、後藤新平の姿であった。

「あそこに、あの人がいる！」

彼もまた敏感に、その輿望（よぼう）を感じた。そうして電光石火のごとき活動がはじまった。

あの刹那、山本内閣の副総理として、内務大臣に内定していた彼は、すぐに自動車を飛ばせて、日本銀行の焼跡に急いだ。大蔵大臣候補の井上準之助は、当時日銀総裁だったのだ。彼が日本銀行に駆けつけて見ると、井上は感慨無量の態で、茫然と焼跡を眺めていた。

彼は井上の肩をポンと叩いて、

「君、心配するな、日本銀行は亡びないよ」

こうまず活を入れておいてから、井上を自動車に乗せて、一緒に焼野原の帝都を、グルグルと、二度も廻ってあるいた。

「この惨憺（さんたん）たる帝都を見て、区々たる一身上の問題を考えていられるか。身命を賭して御奉公するのは、今の時だよ」

それは、熱心とまごころのこもった声であった。それが彼の偽らざる心情であった。井上はそれに動かされて、蔵相就任を承諾した。

ついで彼の力強い声が、国民の肺腑（はいふ）に響き渡った。

「帝都復旧ではない、帝都復興だ！」

その声に励まされて、焼野原のなかに、勇ましい槌の音が聞こえはじめた。

彼の復興計画は、実に徹底的であった。

「**震災地を全部、坪百円平均で買い上げ、これは復興債券で支払っておく。そしてそれに完全な復興的経営を施した後、あとでまたもとの持主に返してやろう**」

不幸にしてこの四十億円計画は、諸方面の反対のため実現するに至らず、次善の区画整理案によるほかなかったが、もしあのとき、後藤新平がいなかったなら、どうであったろう。おそらく復旧でお茶を濁してしまいはしなかったか。

江戸八百八町を兵火から救った勝海舟と西郷南洲とが、今でも感謝をもって記憶さるるごとく、この新しき大帝都を建設したる後藤新平の名も、後世ながく国民の胸から消えないだろう。

晩年

彼の晩年、掉尾（とうび）の活動は、**政治の倫理化運動**であった。彼は偉大なる国民指導者として現われた。

「**今のように政党が腐敗堕落しては、帝国の憲政は滅亡するより他はない。この際、国民が奮起し政党が覚醒するにあらずんば、悔を千載にのこすようになるぞ**」

彼は七十歳の老軀を携げて、全国の津々浦々を行脚して歩いた。

今にして往年を回顧するとき、大声の俚事に入らざりしを悔むものも、けだし多いであろう。

彼の信念は、**政治の根本義は、自治にあり**ということであった。政治の倫理化運動も、その現れの一つであった。また彼が、晩年その精力の一半を、**少年団運動に傾注**したのも、この精神を、汚れなき少年の心のうちに、深く植えつけたいとの心願であった。

「**人のお世話にならぬよう、人のお世話をするよう、そして報いを求めぬよう**」

この**自治三訣**が、少年団のモットーであった。

彼は少年団の仕事には、全く献身的であった。少年達と一緒にいた時は、どんなに疲れていても、心から嬉しそうであった。彼にはまた、あの少年団の制服姿が、実によく似合った。彼はあくまで無邪気で、死ぬまで童心を失わぬ政治家であった。

彼が最後にロシアに出発するとき、少年団は「金剛精舎」に彼を招き、送別会を開いた。少年団では、全国の団員一人一人から、糯米三粒ずつを集めて、これで赤飯を炊いて、彼にすすめた。

食事の前に、これも米と一緒に全国団員から送ってよこした各地のお守りを沢山ならべて、代表者の一人が、その手紙を読みはじめた。

「総長にはどうぞお達者で御旅行の上、早くお帰りになられるよう……」

それは少年の真心こめた文面ばかりであった。このときばかりは、さすがの彼も、鼻眼鏡をはずして涙を拭きながら、しまいにはおいおい泣き出してしまった。

「予はこの年になるまで、今日ほど感動させられたことはない」

彼が岡山に最後の旅立ちする朝も、少年団からの陞爵祝に出席し、少年達の請にまかせて、珍しく大礼服ででかけ、二千人の少年達と、愉快に数時間を過ごした後、出発したのであった。死んだ彼も、これで心残りがなかったろう。

こうして運命の汽車は、東京駅を出発した。それが車中で突然、脳溢血を発して倒れたのだ。人々は彼を米原で降ろそうとしたが、彼は「岡山、岡山」と叫んで、車窓にしがみついて離れなかった。それを無理に降ろそうと争った人の力で、彼の腕には紫色の斑点をのこした。

彼の病躯は、京都府立病院の一室に横たえられた。それから十日の間、彼の強固な意志の力と、その強健な体力とは、魔のごとき病気と、必死になって戦った。が、ついに最後の日が来た。

昭和四年四月十三日の黎明、五時三十分。めずらしく英雄的な風貌をもっていた一代の大政治家後藤新平は、最後の息をひきとった。

窓の外はもう明け初(そ)めていた。風なきに、桜の花は、ほろほろと散った。

「天真院殿(てんしんいんでん)祥山棲霞(しょうざんせいか)大居士(だいこじ)」

これが彼の法名であった。行年(ぎょうねん)七十三歳。

付記　本稿は、昭和十二（一九三九）年、水沢町（現・奥州市水沢区）吉小路の後藤新平旧宅保存工事完成の際に発行されたものである。漢字・仮名遣いは現代の読者に読みやすいものに改めた。太字は編集部による。

（編集部）

今朝五時三十分 後藤伯遂に逝く

花にそむきて旅先京都にて

遺骸は明朝歸京

【京都電話】……同午前五時三十分家族近親等に護られて遂に逝去した、……

後藤伯の遺骸を移す

ボーイスカウトの手で安置室へ＝本社特設電送寫眞

デスマスクに殘された ありし日の面影

遺骸は告別式場に移され

しめやかな納棺式

葬儀は十六日

青山齋場にて執行

葬儀委員長には齋藤實子

弔客織るが如き 麻布の本邸

少年團員が大童で應接する

非常な混雜ぶり

國家のため痛惜

田中首相の談

天才はただの 政治家

濱口民政黨

總裁談

あまり身體を 虐待し過ぎた

田健治郎男談

新知識應用者

床次竹二郎氏談

聖上御深悼

正二位に昇敍

從二位勳一等伯爵　後藤　新平

敍正二位（特旨をもって位一級被進）

（昭和四年四月十四日（日曜日）（第三種郵便物認可）

夕刊

東京朝日新聞

十三日

『朝日新聞』1929年4月13日付夕刊

執筆者紹介（登場順）

御厨貴　（みくりや・たかし）

1951年東京生まれ。東京大学名誉教授。政治学。著書に『明治国家形成と地方経営　1881～1890年』『政策の総合と権力』（東京大学出版会）『日本の近代３　明治国家の完成』『オーラル・ヒストリー』（中央公論新社）『「保守」の終わり 』（毎日新聞社）『天皇と政治』『明治国家をつくる』（藤原書店）など。

青山佾　（あおやま・やすし）

1943年東京生まれ。明治大学公共政策大学院教授。都市論、日本史人物論、自治体政策。67年に都庁入庁。99年から03年まで石原慎太郎知事のもとで東京都副知事。2004年より現職。『石原都政副知事ノート』（平凡社新書）『東京都市論』（かんき出版）『10万人のホームレスに住まいを ！ 』『世界の街角から東京を考える』（藤原書店）、郷仙太郎の筆名で『小説 後藤新平』（学陽書房）等。

星新一　（ほし・しんいち）

1926-1997年。東京生まれ。作家。1957年、日本最初のＳＦ同人誌『宇宙塵』創刊に参画、ショート・ショート形式を開拓した。1001編を超す作品を生み出したＳＦ作家の第一人者。作品に『ボッコちゃん』『悪魔のいる天国』『きまぐれロボット』など多数。他方、父・星一を描く『人民は弱し 官吏は強し』、祖父を描く『祖父・小金井良精の記』、後藤新平を含む明治人ら10人の生涯を描く『明治の人物誌』などの伝記文学がある。

沢田謙　（さわだ・けん）

1894-1969年。作家。主に近現代の政治家・名士を中心に、古今東西の偉人について膨大な数の伝記作品を執筆したほか、探検物語や国際政治論、プルターク英雄伝やスペンサーの翻訳なども幅広く手がけた。後藤新平については、『後藤新平一代記』（平凡社）『後藤新平伝』（大日本雄弁会講談社）がある。

後藤新平の「仕事」

2007年5月30日　初版第1刷発行©
2016年10月30日　初版第2刷発行

編　者　藤原書店編集部
発行者　藤原良雄
発行所　株式会社 藤原書店
〒162-0041　東京都新宿区早稲田鶴巻町523
電　話　03（5272）0301
FAX　03（5272）0450
振　替　00160-4-17013

印刷・製本　美研プリンティング

落丁本・乱丁本はお取替えいたします
定価はカバーに表示してあります
Printed in Japan
ISBN978-4-89434-572-0

月刊
機
2016
3
No. 288

発行所　株式会社 藤原書店©
〒一六二-〇〇四一　東京都新宿区早稲田鶴巻町五二三
電話　〇三・五二七二・〇三〇一（代）
FAX　〇三・五二七二・〇四五〇
◎本冊子表示の価格は消費税抜きの価格です。

編集兼発行人
藤原良雄
頒価 100円

あの復興構想会議のメンバーらが、東日本大震災後の五年を振り返る！

東日本大震災から五年　いま、東北は？

大勢が津波にのまれ、そこへ放射能が押し寄せた。津波で流された船は、まだ片付けられていない。（浪江町請戸）　© 大石芳野

延べ一万八千人を超す死者・行方不明者を出した観測史上未曾有のマグニチュード九の東日本大震災から丸五年が経過した。これまでの震災とは異なり、地震・津波による被害だけではなく、原発事故による放射能汚染がより復興を困難にしている。そんな中、政府は原発の再稼働に舵を切った。大震災の教訓は生かされているのだろうか。復興構想会議のメンバーであった赤坂憲雄、高成田享、橋本五郎ら各氏と、一九七〇年代から原発問題を取材してきた鎌田慧氏にご寄稿いただいた。

編集部

● 三月号 目 次 ●

〈特集〉東日本大震災から五年。いま、東北は？

経世済民の志を抱いて
――はじまりの土地、福島の「災後」を生きる――

赤坂憲雄

司馬遼太郎の東北紀行から

震災後、司馬遼太郎という作家が妙に気に懸かるようになったのは、なぜであったか。まさか、その司馬遼太郎について一冊の本を書き下ろすことになるとは、思いも寄らなかった。『司馬遼太郎 東北をゆく』（人文書院）と題して刊行したのは、去年のいま頃であった。司馬の「東北紀行」を思いながら、東北について、福島について考えてみたのだった。

とはいえ、実は、たとえば「街道をゆく」というシリーズのなかに、「東北紀行」という本が存在するわけではない。ただ、東北を舞台とした六編の紀行が残されただけのことだ。しかし、そこには見えない中心があって、そのために、かろうじて「司馬遼太郎の東北紀行」は存在するのかもしれない。その見えない中心とは、会津である。

司馬の東北びいきは明らかだった。司馬は大阪の商家の出身である。その司馬が、東北人の精神性に、たとえば太宰治や井上ひさしらに見いだされる恥じらいの美学に、思いがけず真っすぐな共感を寄せた。そこにはたぶん、東京への隔たりの意識、薩摩と長州がつくった近代日本にたいする違和感といったものが見え隠れしている。あるいは、日本の歴史のなかには、英雄は存在しないといい、ひそかに地域分権型の社会を理想として思い描いていた節がある。

会津は戊辰戦争の敗者となり、朝敵とされた。司馬はそれを、明治維新という革命の生け贄とされたのだ、と語っている。シベリア流刑のように、会津の藩士たちは酷寒の下北半島へと追放され、辛酸を舐めた。しかし、会津藩はいわゆる朝敵ではなかった。孝明天皇から松平容保に送られた宸翰（しんかん）ひとつで、それは明らかなことであった。勝者の歴史は書き換えられぬままに、朝敵としての会津は近代の喉元に突き刺さったトゲであり続け、司馬はそれを抜くことを願った。司馬には、抜きがたく、正義の体系としてのイデオロギーへの嫌悪があった。

三・一一のあとに、戦後になぞらえて「災後」が語られたことがあった。そのとき、わたしが思い浮かべたのは、太平洋戦争の敗戦のあとではなく、戊辰戦争のあとという、もうひとつの戦後だった。地震・津波そして原発事故に苦しむ福島が、戊辰の敗北に足掻き続けた会津に重なった。震災後にはじめて読んだ本が、『ある明治人の記録』だったのは、むろん偶然ではない。三・一一から十日も経たぬ頃に、この会津人・柴五郎の遺書を再読したのだった。震災以後をいかに生きるか。とにかく、覚悟を決めたかったのだと思う。わたしは司馬その人から、この本を教えられたのではなかったか。

▲赤坂憲雄氏
(1953-　)

新たな自由民権運動のはじまり

以前から、戊辰戦争の敗者となった東北の士族たちの、その後に眼を凝らしてきた。司馬が語った東北の武士の姿は、なかなか魅力的なものだ。そこには、私を捨て、公に殉じる武士たちの群像が見え隠れしている。明治以降、薩長による専制的な支配のもとでは立身出世を許されない、敗者の精神史を背負わされた東北の士族の末裔たちは、いかなる近代を生きたのか。

奄美・沖縄の島々を歩いていると、不思議なほどに、東北出身の、しかも士族の末裔たちの足跡に出会った。かれらは、いまも島人たちに敬愛されている。島人たちの啓蒙や救済のために力を尽くして働いたからである。そしてまた、自由民権運動のなかに、東北の士族の影が見え隠れしていることに気づいた。福島などは、まさしく自由民権運動のメッカのひとつだったが、それればかりではない。あの五日市憲法の起草者が仙台藩士の末裔であったことを想起してみるのもいい。

震災の年の七月二十日、喜多方の酒蔵で、はじめて福島の復興をテーマとするシンポジウムを開催した。その日、わたしたちの新たな自由民権運動は幕を開けた。再生エネルギーこそが地域の自治と自立の拠りどころになる。やがて会津電力が生まれた。福島は経世済民の志を抱いて、いわば、はじまりの土地になることによってしか、災後を生きてゆくことができないのだと思う。

（あかさか・のりお／民俗学）

〈特集〉東日本大震災から五年。いま、東北は?

復興・再生の第二ステージ
――日本全体を救う処方箋――

高成田享

震災復興史は新たな段階へ

震災から五年、三陸の海岸に近い被災地では土地のかさ上げや高台の宅地整備が少しずつ進み、仮設住宅に暮らす人々の「自宅」への移動がようやく本格化している。三陸海岸の主力産業だった水産加工業も、工場を再建できたところは、従業員を再雇用し生産ラインを稼働させている。

五年という歳月を経た被災地の現状は、原発事故で多大な被害を受けている地域を除けば、復旧・復興という意味では、ある程度の形が見えてきたのではないか。

とはいえ、住居や雇用を求めて別の地域に移った人々をどうやって元の地域に戻すのか、仮設から脱出できそうにない貧困層をどうするのか、子どもから大人まで広範囲に残る「心の傷」をどう癒すのか、工場は再開したものの売り上げが震災前に戻らない企業をどう支援するのか、などといった課題が新たに生まれているのも事実だ。五年目を迎えた震災復興史は、第二のステージに入ったと見るべきだろう。

こうした新たな課題に国や地方自治体はさまざまな取り組みをしているが、どんどん築き上げられていく防潮堤に代表される建設土木の公共事業に比べると、予算の配分はわずかだ。仮設に取り残された高齢者や障害者、PTSD（心的外傷後ストレス障害）に苦しむ子どもたちなど、被災弱者がますます孤立しかねない状態になっている。

こうした被災弱者に手を差し伸べているのは、NPOなどの民間組織や個人だが、震災から年月が経つにつれて支援団体を支えてきた企業や個人からの寄付などが減っていることもあり、被災地から撤退するところもふえている。

水産加工業の再建には多額の公的補助金が支出されており、あとは自助努力が原則だろう。とはいえ、売り上げが震災前に戻った企業が三分の一程度というのは深刻だ。原発事故によるいわゆる風評被害で買い手が減った、休業中に顧客を他の売り手に奪われた、被災地の人手不足で従業員が集まらないなどの理由を聞けば、自助努力だけでは解決にならないのは明らかだ。このままでは数年以内に、「復興後倒産」が続出するのは確実だ。

NPOなどの活用を

被災弱者への支援を強化するには、NPOなどを活用するのが良いだろう。いま被災地で活動しているNPOなどの団体や個人は、地元にも溶け込み、それぞれの地域に応じた支援のノウハウも身に付けている。民間からの寄付などが細っているのであれば、公的資金で補えば活動を継続するところもあるだろう。

▲高成田享氏（1948-　）

仮設から自立する人たちがふえるにつれて、仮設の統廃合や集約化が加速するのは仕方のないことだが、残された住民にとっては、何度目かのコミュニティーに属することを強いられる。復興公営住宅などでも新たなコミュニティー作りが必要になっている。こうしたところでコミュニティーを生かす潤滑油となるのはNPOなどの団体や個人であり、予算規模からすれば震災前の数倍にも膨れ上がり、仕事量もふえている地方自治体の職員にまかせることはできない。

また、せっかく立ち上がった生産を生かすには、販売網の確保が必要で、公的な経営アドバイザーの充実や消費地での物産館の設置など公的な支援が求められる。

被災地の課題は日本の縮図

こうした被災地の要望を並べていけば、被災地の「甘え」との声も出てくるだろう。しかし、人口流出による「地方消滅」の危機、貧困高齢者など「下流老人」の孤立、地方の農林水産業や製造業の衰退など、被災地が抱える課題は日本の縮図であり、被災地はそれを凝縮し先取りしたとみることもできる。

だとすれば、NPOなどの助けを借りたコミュニティーの再構築による高齢者や障害者などの見守りやケア、消費者と結び付いた最終商品の開発と販売システムの確立などの方策は、日本全体を救う処方箋にもなるはずだ。被災地を助けた五年間に続く第二ステージの五年間は、被災地に学ぶ五年間になるに違いない。

（たかなりた・とおる／仙台大学教授）

〈特集〉東日本大震災から五年。いま、東北は？

「ふたば」の未来に幸あれ

橋本五郎

「ふたば未来学園」の開校

二〇一五年四月八日は、私にとっても忘れられない日になるだろう。福島第一原発からわずか三〇キロ圏の福島県双葉郡広野町に中高一貫校「ふたば未来学園」が誕生、この日、高校の開校式と入学式が行われた。

内堀福島県知事らのあいさつの後の宮田亮平東京藝大学長のパフォーマンスは圧巻だった。一期生一五二人を前に、大きな画布に「翔」の中国古代文字を書いたのである。

詩人の谷川俊太郎さんが作詞した校歌が披露された時には多くの人が涙した。私も目頭が熱くなった。校歌の一番はこんなふうである。

学ぶ覚える身につける
胸に落ちるまで考える
深くて広い心と体
未来に向かうこの自分
すこやかにしなやかに

豪華応援団

原発事故で高校生たちは県内外の八カ所で分散授業を余儀なくされた。それでなくともこれからは人口減や高齢化の急速な進行で将来に希望を持てない状況が続くだろう。この危機を乗り切るには地道に人材育成するしかない。双葉郡八町村の思いがひとつになった。

未来学園は、大学受験を目指すアカデミック系、スポーツ選手を目指すアスリート系、職業人を目指すスペシャリスト系の三コースに分かれている。一番の特徴は「課題解決型」学習を導入し、実践力の強化を目指していることにある。

生徒自身が自分たちで課題を見つけて学校を飛び出し、生きた教育を身につけてもらおうというのである。その手助けをするのが、一七人の「ふたばの教育復興応援団」である。

秋元康（作詞家）安藤忠雄（建築家）伊藤穰一（米MIT大学所長）乙武洋匡（作家）小泉進次郎（衆議院議員）小宮山宏（元東

大総長）佐々木宏（クリエイティブディレクター）潮田玲子（元オリンピック・バドミントン選手）為末大（元オリンピック・陸上選手）西田敏行（俳優）橋本五郎（読売新聞特別編集委員）林修（東進ハイスクール講師）平田オリザ（劇作家・演出家）宮田亮平（東京藝大学長）箭内道彦（クリエイティブディレクター）山崎直子（宇宙飛行士）和合亮一（詩人）。

作・演出は小泉進次郎氏

▲橋本五郎氏（1946-　）

この応援団はよくありがちな「名義貸し」集団ではない。世界に羽ばたく人材を育てようと、それぞれが実際に授業を行う。平田オリザさんの授業では、生徒たちが役者となり、音響を担当し、演出をして劇に仕上げた。為末さんは瞬発力や走力を高める練習方法を指導した。独自の授業が次々行われている。

応援団の企画から人選、交渉、説得のすべてを主導したのは、当時復興大臣政務官だった小泉進次郎氏である。「前例なき環境の子どもたちには前例のない教育を」と繰り返しながら、応援団の人選にあたっては、この世界ならこの人だと誰でもわかる第一人者を選ぶことにこだわり続けた。

あの時の先生、あの時の体験が人をつくる。教科書では教えることのできない感動を与えることが大切なのだ。

「学校で学んだことを一切忘れてしまった時に、なお残っているもの、それこそ教育である」。このアインシュタインの言葉が教育の原点だと小泉氏はそう固く信じている。

過剰な期待を抱くことで、子どもたちに重圧を与えることになってしまうという意見もあった。しかし、小泉氏は頑として「最高のものを提供し、高みに挑戦することが大事なのです」と一歩も譲らなかった。そのへんは父親譲りのようだ。

ふたば未来学園は、新たな教育への意欲に燃えた教職員の熱意にも支えられ、着実に歩を進めている。

東日本大震災からまもなく五年になる。政府の復興構想会議の一員として震災直後に「復興への提言」をまとめた。それに照らし現状はどうなのか。数々の不満がある。しかし、この際一切の不満を封印し、ひとつの「希望」だけを書くことにした。

（はしもと・ごろう／読売新聞特別編集委員）

〈特集〉東日本大震災から五年。いま、東北は？

フクシマ後の悲惨

鎌田　慧

おのれの利益のための再稼働

フクシマは、五年がたっても、なんら好転する兆しはない。すでに一五〇人にのぼる甲状腺ガンの子どもたちがあらわれた。被曝労働者と被曝住民の不安、避難住民の生活破綻、海と陸の環境破壊は、未来にむかって進行中である。

にもかかわらず、「原発依存症」というしかない安倍内閣や電力会社、立地自治体の首長たちは、その犠牲に恐怖することもなく、ただおのれの利益のために共謀している。もしも、**おのれの利益のためでない、大義がある、というなら、その事実を立証してほしい。**

電力会社は、川内原発（九電）、高浜原発（関電）を再稼働させ、伊方（四電）、泊（北電）をも再稼働させようとしている。

再稼働の理由について、昨年九月期決算で、経常利益三六五一億円（前年同期比五〇パーセント増）を発表した、東電の廣瀬直己社長は、「経営の安定のため」と説明した。

あれだけの被害を与えながら、経営は黒字で推移し、さらに黒字追求のために、住民と被曝労働者の塗炭の苦しみに眼をつむり、将来あらわれる無限の危険を押しつぶし、再稼働のスイッチを押している。

しかし、**日本政府が再稼働にこだわる理由はなにか。**

日本の原発は、一九五四年、中曽根康弘などが要求した、「原子力予算」二億三千五百万円（原発原料となるウラン235をもじった）からはじまった。提案理由に、「**原子力兵器を理解し、使用する能力を持つために**」という一行が入っている。

そのあと、米国の余剰濃縮ウランの輸入がはじまるのだが、日本最初の原発が英国のコルダーホール型だったのは、原爆製造のためのプルトニウムを確保したかったからだ（有馬哲夫『原発と原爆』）。

岸信介首相は、すでに五七年五月の参議院内閣委員会で、「核兵器であれば憲法違反だ、というが――自衛権の内容を持つ一つの力」と断言している。彼は敗戦後十二年目にして、**「小型原爆は憲法違反ではない」**とまで主張していた。

岸信介の実弟・佐藤栄作首相の時代の秘密報告「わが国の外交政策大綱」（六九年九月）に、**「核兵器製造の経済的・技術的ポテンシャルは常に保持する」**と書かれているのは、よく知られている。

すでに**日本は四六トンのプルトニウム（広島型原爆換算六千発）を保持する「プルトニウム大国」である。**岸、佐藤、中曽根と続く、核武装（潜在的能力）依存症の後継者である安倍首相は、首相になる以前、早大での講演で「核兵器の使用は違

▲鎌田慧氏（1938-　）

憲とは思わない」と発言している。

プルトニウムに対する偏愛

かれらは防衛族の石破茂もふくめて、経済性、安全性無視の原発推進が、安全保障に繋がると公然と発言している。そして、フクシマのあと、原子力基本法と宇宙基本法に、「安全保障に資する」の一行を挿入し、これからの日本の軍事化を進めようとしている。

原発からでた使用済み核燃料を、六ヶ所村（青森県）の再処理工場で処理してプルトニウムとウランに分離し、プルトニウムを敦賀市（福井県）の高速増殖炉「もんじゅ」で燃やして、さらにプルトニウムを取り出す。「資源小国」日本のトラウマが、「夢の増殖炉」「純国産エネルギー」の期待を過剰に煽った。

再処理工場「もんじゅ」も、プルトニウムを原料にする「フルＭＯＸ」専用の大間原発も、すでに完全に破綻している。それでもなお、膨大な資金を浪費させながら、政府がこれらの施設を維持しようと躍起になっているのはなぜか。

かつてコルダーホール型原発を輸入して獲得しようとした、プルトニウムにたいする偏愛が、いまなおそのまま続いているからだ。資金は消費者の電力料金（総括原価方式）に依存している。

原発と兵器のミックスが、アベノミクスの基本である。三菱重工、三菱電機、東芝、日立、ＩＨＩ（旧石川島播磨重工業）、日本製鋼など、軍産一体化企業が、安倍政権の武器・原発輸出拡大政策をささえている。原発と原爆の結合、原発と武器輸出の醜いセールスマンになった姿が、アベノミクスのポンチ絵である。

＊太字は編集部（かまた・さとし／ジャーナリスト）

写真家、大石芳野と永六輔は四〇年来の友人だった！　極めつきの写真を満載!!

レンズとマイク

永　六輔
大石芳野

カメラが銃に見える国もある

永　あなたの写真集の表紙の少年もそうだけれど、あなたがカメラを向けているでしょう。相手の少年や少女たちは、あなたが向けているカメラを、どういうふうにとらえて、笑顔を見せるのか、あるいは耐えているのか、そのあたりのことが気になってしょうがない。

大石　いきなりは撮らないです。いきなり撮ると、カメラって、ごついでしょう。今のデジカメは顔から離したまま撮れるし、携帯も小さくなったけれど、一般的にはカメラのファインダーをのぞくので、顔の前に黒い固まりが来て、小さい子は泣きだすこともある。いきなりだと、怖くて。それから、とくにかつてのカンボジアのように、戦争が長かった地域の子は、カメラを見ただけで銃だと思うようで、カバンからカメラを取り出しただけで、ギャアッて泣いて、あの知らないおばちゃんが銃をこっちへ向けようとしているとか、カンボジア語で言っているらしいような泣き方をして、親にしがみついているのが、表情から読み取れることがありましたね。

永　今、あなたが話をしているような、撮影のときの現場のことを書いたエッセイはないじゃないですか。写真集には撮っている時のことは書いてありませんよね。写真が勝負っていったらおかしいけれど、作品だから？

大石　私は基本的に、あちらの人のことを伝えることを主としているので、自分のことは邪魔になりますね。どうしても自分のことを書いた方がいいときは書きますけれども、自分を書かなくても、あちらの人のことは伝わるので……。

永　大石さんはカメラを構えると、自分で人格が変わると思う？（笑）

大石　私、わりと人見知りなんですけれど、人見知りのままだと写真が撮れないので、積極的になる努力をします。そういう意味では、人格が変わるまではいかないと思いますが、相手の緊張を和らげようと、けっこう話しかけます、知らない人でも。

そうでないと撮れないということもあるんです。向こうがオドオドしているでしょう。タレントとか俳優とか、有名人を撮る時は別ですが、私が撮る人はだいたい、あまり撮られたくないというか、撮られ慣れてないというか、そういう人たちですから、話をしないと。私にとっても相手を把握しきれないままではシャッターが押しにくいですから。

小沢昭一さんと（1970年代）

永　そこに時間をかけているなというのは、写真でよくわかる。

写真を撮るのは危険なこと

永　秘密保護法成立のとき、たいへんもめましたね。治安維持法の時代に、大橋巨泉の親父が警察に捕まったんです。それはカメラを持って歩いていたから。巨泉は写真屋さんの息子で、実家が写真館でした。小沢昭一も実家が写真館です。小沢昭一の親父も、カメラを持って歩いていて捕まっているんです。カメラを持って歩いていると、スパイだと思われる。

大石　そうなんです。昔はカメラを持っているのは特殊な人だったから、特にそうだったと思います。

海外に行くと、不穏な国では、カメラをカバンから出して肩に下げているだけで、写真を撮らなくても、小沢昭一さんや巨泉さんのお父さんと同じことが、今でも実際に起こっているんです。日本でもこれからはどうなるかわからない不安を、最近は感じますけれども。

カメラが変える人と人の関係

永　国の生活レベルで、カメラにたいする考え方も変わりますね。日本人もそうだった。

ぼくはカメラは持ってないんです。自動車の運転もできない。決めたことが一つあって、壊れたときに自分で修理できないものは買わない。カメラは壊れたら自分で直せない。ラジオは直せる。テレ

TBSスタジオにて（1970年代）

ビは直せない。携帯も直せない。直せないものは、自分のものじゃない。だからすごく不便（笑）。笑っちゃうよね。

大石 不便であると同時に楽でもありますね。巨泉さんや小沢さんのお父様の時代の経験というのは、私も紛争地域で経験したことがあるし、近い将来の日本も何かの時はそうならないとも限らない。その時、カメラはすごく危険なんです。

永 小沢さんのお父さんの言葉だけれど、海は絶対に撮れなかった、と。海は撮ってはいけないんです。その写真を、敵が上陸してくるときに使われるから。海岸というのは、カメラにとっては大事な風景でしょう。でも、かつては海にカメラを向けていたら警察が飛んできた。

そういう不便さを知っていて、自分で撮るならいいけれども、それを誰も語り伝えていかないうちに、恥ずかしがる人もバシャバシャ撮りまくったり、自分の裸を撮って勝手に送ったり、というようなことが、このごろあるじゃないですか。カメラに対して恥ずかしさだけじゃなくて、レンズを怖れる、こわいという神経をもっていないといけない、と思うんです。

ぼくは写真嫌いで通っている。とくにバシャバシャ撮られるのは嫌なんです。一枚なら許します。それなのに大石さんの写真にはよく入っている。それはたぶん子どもたちと同じなんだと思う。**大石さん以外の写真はないんです。**

自分で写真のページをもったことはある。自分が撮って、『週刊朝日』で連載したことがあるんです。こんな所がありますと、こんな人がいますと。その時に、二**度と撮るまいと思ったのは、写真を撮ってしまうと、つきあいがちがっちゃう。**写真のないつきあいと、そこにカメラがあるつきあいはちがうんです。**恥ずかしさとか、おそれるということも含めて。**

（構成・編集部／写真は大石芳野撮影）
（えい・ろくすけ／放送タレント）
（おおいし・よしの／写真家）
＊太字は編集部

共産主義独裁政権下、アルバニアからパリへ。鬼才ヴァイオリニストの半生

ひとりヴァイオリンをめぐるフーガ

テディ・パパヴラミ
山内由紀子

日本の読者のみなさまへ

テディ・パパヴラミ

幼少期からの日本との出会い

日本という名前が飛び込んできたのは、私の人生のかなり早い時期であったことでしょう。ことは、この本を通じてお気づきになることでしょう。子供時代のアルバニアは、世界で最も閉じられた国であっただけに、それはとても意外なことでした。当時、日本は、手の届かない所よりも遥か遠く、想像不可能という以上に非現実の国に思えていました。子供ながらに日本はあらゆる意味で、私を取り巻く世界の対極に存在するのだろうと想像していました。

共産主義国だったアルバニアとは全く異なるフランスや、その他の多くの国々を発見した衝撃の後も長い間、日本を見てみたいという好奇心はずっと旺盛でした。その期待が裏切られることはありませんでした。初めて日本を訪問した時、それまで経験したことのないような新鮮な異質さが私を捉え、新たな世界にすっかり夢中にさせられました。若干の日本映画と歴史の本を通じてしか知らなかった日本文化を解読するには準備不足でした。

それにもかかわらず、一見、乗り越えられそうにない様々な違いを越えて、私はある発見に大いに驚かされることとなりました。それは、出会いや会話を重ねる中で見出すこととなった、日本の人々の繊細な感性や気質であり、それは、私の生まれた国からこんなにも遠い国の人々と私をたちまち、親しみ深く、心安らぐ本物の絆で結びつけました。

ヨーロッパに戻ると、いつにない不思議なノスタルジーを覚えました。日本語の響きと、私が出会った日本の土地の懐かしさ。そんな時に思い出したのは、黒

澤明の映画『夢』でした。伝統的な日本が舞台となっている映画の最初の二つのエピソードに、かつて私は深く感動したものでした。それはまさに、私自身の子供時代の恐怖心と夢想を描いているかのようでした。きっと、様々な違いというものは、時に、不思議な近道をもたらすものなのでしょう。そして、特殊性から普遍性への歩みというものは、時に、私たちが思う以上に遥かに小さな距離なのかもしれません。

普遍的な人生の物語として

本書が、日本の読者の皆様へ、あらゆる子供時代そして人生に共通しているかもしれない何かを、わずかながらお届けできることを願っております。それぞれの子供時代が、どの時代、どんな環境、そしてどのような目標に向かって展開されようとも共通する何かを。（山内由紀子訳）

アルバニアが生んだ鬼才の半生

山内由紀子

二十二歳までの自叙伝

ようこそ、テディ少年の勇敢な冒険物語へ！

面積二・九万平方キロメートル（岩手県と福島県を合わせた広さ）の国土のアルバニアの歴史は古く、紀元前二千年から紀元前一世紀にかけてイリリア人が誕生した土地と言われています。その後、ギリシャ、ローマ、ビザンチン、ノルマン、スラヴそしてオスマンなど様々な影響を受けながらも独自の文化と言語を守ってきました。二十世紀初頭、オスマン帝国から独立、一九三九年から五年余りのイタリア軍やドイツ軍による占領を経て、独立を獲得。第二次世界大戦後のアルバニアは、ヨーロッパの最貧国と言われ、その体制から、北朝鮮と比較されることも多い国でした。

一九七一年生まれの著者テディ・パパヴラミはそんな国の中で、幼少より「アルバニアのモーツァルト」と呼ばれるヴァイオリンの神童でした。本書は鬼才テディ・パパヴラミの二十二歳までの半生の自叙伝です。

著者自身、「単なる自伝ではなく、一種の文学的表現として描きたかった」と言う通り、活発で遊び好きな少年と愛すべき家族の波乱万丈の、色彩豊かなエピソードは、時に子供らしい無邪気さで、時にプルーストの甘やかさで、時にチェーホフ的ユーモアと皮肉交じりに生き生きと語られ、はるか遠くの日本人にも、いま改めて実感すべきことがきらきらと散りばめられています。天才かどうか、音楽家かどうか、鎖国共産主義独裁国家出身者であるかどうか、そういった個人的な境遇を越え、人にとり本当に大切なものは何か、ということが鮮やかに、愉快に、軽快に、健気に、そして切なく描かれます。

▲テディ・パパヴラミ氏（1971-　）

遠い世界の、どこか懐かしい物語

クラシック音楽やヴァイオリンのことは分からない、アルバニアがどこにあるかも知らない、共産主義にはあまり興味がない。心配ご無用です。どうぞ、テディ少年にいざなわれてみて下さい。フランスの書評の多くが「大いに笑い、泣ける」と絶賛する通り、老若男女どのような読者にも突き刺さる親近感に溢れ、私達にはあまり馴染みのない世界の物語にもかかわらず、きっと、私も、僕も、そうだった、という不思議な懐かしさを抱かれることでしょう。

すでに演奏家テディ・パパヴラミのファンは沢山いらっしゃることと存じます。皆様が彼のヴァイオリンを通じて理解されてきた氏の音楽性、個性、人間性について、本書は、嗚呼、なるほど！とその解釈を一層明快にしてくれるものと想像します。あの見事な筋肉の事も……。反対に、先に本書でパパヴラミ氏に触れられ、興味を抱いて下さった皆様には、是非、彼の録音そして生演奏をお聴き頂ければと存じます。氏の音楽と文章を通じて、新たな友情が、国境やジャンルを超えて広がることを願います。

（やまうち・ゆきこ／翻訳家）

Tedi Papavrami／ヴァイオリニスト。一九七一年アルバニア生。フルート奏者アラン・マリオンに見出され、11歳でフランスに留学、15歳で両親と共にフランスに亡命。22歳でサラサーテ国際コンクールで優勝・特別賞。以後、世界的に活躍を続ける。

ひとりヴァイオリンをめぐるフーガ
テディ・パパヴラミ　山内由紀子訳
自演奏一〇曲QRコード入
四六上製　三六八頁（カラー口絵一六頁）　四六〇〇円

康熙帝の満洲語の手紙を紹介しつつ、当時の東アジア全体を見渡す！

大清帝国隆盛期の実像
――第四代康熙帝の手紙から　一六六一―一七二二――

岡田英弘

必読文献の復刊

本書は、二〇一三年一月に『清朝史叢書』第一弾として刊行された『康熙帝の手紙』の再版である。なぜこのように大幅に題名を変えたかを、読者のみなさまにご説明したい。

現代中国を理解するためには、その全領域を継承したと中国が主張する清朝を理解することが必須であると思い至った藤原書店の藤原良雄社長の肝いりで、十名を超す著者がラインアップされて始まった『清朝史叢書』の第一弾として拙著『康熙帝の手紙』増補改訂版の発刊が決まったとき、一九七九年に中公新書として刊行されて以来、専門家の間では必読文献であったのに入手困難だった本の三十四年ぶりの復刊を私も編集者諸君も喜び、同じ題名をつけることに何ら疑いを持たなかった。

しかし、書名のインターネット検索が当たり前となった昨今、中公新書版と同じ題名であるために、『〈清朝史叢書〉康熙帝の手紙』が以前の『康熙帝の手紙』に大清帝国の全体像を俯瞰する概説「清朝とは何か――世界史のなかの大清帝国」を加えただけでなく、関連する学術論文六本、史料五本の日本語訳を増補し、新たに出典注と注（用語解説）も併せて、中公新書版の二倍をはるかに超える分量になっていることをネット上では知るすべがない、と気づいたことが、改題の第一の理由である。

清朝の国家体制が確立した時代

第二の理由は、康熙帝が誰なのか、東洋史研究者以外にはシナの陶磁器が好きな人くらいしかわからないのでは、と気づいたことである。しかも、その人が書いた手紙が題名では、文学なのか何なのか、本の内容をまったく表わしていない、ということに思い当たった次第である。

十七世紀後半から十八世紀初頭にいたる清朝第四代皇帝・康熙帝の治世は、大清帝国の国家体制がほぼ確立した時期である。モンゴル遊牧君主との戦争にみずから従軍した康熙帝が、留守を預けた北京の皇太子にあてて満洲語で書いた自筆の手紙を史料とし、満洲とモンゴルにチベットのダライ・ラマ政権がどのように関わったかという裏事情をも絵巻のように説き明かしたのが、本書なのである。

同じ藤原書店から刊行した拙著『モンゴル帝国から大清帝国へ』（二〇一〇年）は、完全な学術論文集である上、価格も本書の倍以上であるにもかかわらず、すでに増刷になっていることからみて、題名さえ内容をあまさず表しているならば、一般の日本人読者の目にとまりやすいだろうと考えた次第である。

▲清朝第四代皇帝・康熙帝
（在位 1661-1722）

本書で述べているような大清帝国の仕組みを現代中国が理解していないから、チベットとウイグルとモンゴルで問題が発生するのである。建国以来、二百七十六年もの間、あんなに広い領域を満洲人はどのように統治したのかを、多くの日本人にぜひ知ってもらいたい。

（おかだ・ひでひろ／東京外国語大学名誉教授）

【目次】
再版にあたって／「叢書」発刊の辞／はじめに
序　清朝とは何か——世界史のなかの大清帝国
康熙帝の手紙
中国の名君と草原の英雄／ゴビ沙漠を越えて 他
〈補〉モンゴル親征時の聖祖の満文書簡／ガルダンはいつ、いかにして死んだか／ジェブツンダンバ伝記資料／康熙帝の満文書簡に見るイエズス会士の影響 他
〈史料〉ドローン・ノールの会盟／皇太子廃位の上諭／皇太子復位の旨／ダライ・ラマ五世の死を報告するディバ（サンギェギャツォ）の上奏 他
関連年表／あとがき／人名・地名・事項索引

リレー連載　近代日本を作った100人 24

中村正直——翻訳書が国民的教科書に

平川祐弘

明治日本を造った書物

中村正直はスマイルズの *Self-Help*（一八五九）を『西国立志編　原名自助論』として翻訳（一八七一）した。これは福沢諭吉の『学問のすゝめ』と並ぶ維新後の最大のベストセラーで、明治日本の国造りの国民的教科書となった。プロテスタンティズムの倫理とともに、西洋産業文明の秘訣をその担い手である技師たちの小伝を語ることで日本に伝えた。英語の本が一冊まるごと日本語に訳された嚆矢である。自立した個人の勤労倫理を説く主張は、開巻冒頭の Heaven helps those who help themselves の格言に要約される。「天ハ自ラ助クルモノヲ助ク」の中村訳で日本でも格言と化したが、もとはキリスト教のゴッドを意味した「天」が、日本人のお天道様を拝む気持の神道的な「天」に変容した。西郷隆盛の「敬天」思想もそれに由来する。中村は明治初年、最大の影響感化を与えた知識人で、福沢と並び称されたが、今日はさほど知られない。代表作が二冊とも翻訳だからだろう。

『西国立志編』は明治初年、広く小学校で使われ、西洋説話集として日本教育史上に刻印を残した。作中の「陶祖パリシー」の話は日本製の教科書では「陶祖藤四郎」さらには「名工柿右衛門」となり、小説では幸田露伴により「鉄三鍛」「蘆の一ふし」などに翻案された。日本の織機王豊田佐吉の少年向け伝記は『西国立志編』中にあるイギリスの織機王ジョン・ヒースコートの伝記を焼き直したものであり、「ジェンナー牛痘ヲ発明セシコト」は修身教科書に必ず載った。

全十三編から成る『西国立志編』中、第一編は政治における国家ならびに個人の自助の精神を説いた編で、編頭に掲げられた言葉は、スマイルズが感化を浴びたミルの句「一国ノ貴(たふ)トマルトコロノ位価(ゐか)ハ、ソノ人民ノ貴トマルモノノ、合併シタル位価ナリ。」The worth of a State, in the long run, is the worth of the individuals composing it. である。中村は第二編「新機器ヲ発明創造スル人ヲ論ズ」に見事な漢文の序を付したが、産業革命の成果への一大讃歌で、明治の中国人留学生にもその考えは伝わった。毛沢東の岳父楊昌済はスマイルズについて、一九一六―七年の『新青年』に、「天助自助者、乃英国教育家之格言。人人有独立之精神、斯可鋳成独立之国勢」と書いている。

天安門事件直後の中国の思い出

もう一冊はジョン・スチュワート・ミルの *On Liberty* で、中村は『自由之理』として明治五（一八七二）年に訳したが、自由民権運動にも、日本に立憲政治を打ち立てる上にも、貴重な貢献をした。清国では厳復が、同書を『羣己権界論』と題して一九〇三年に漢訳したが、影響力は限られた。

私は中国で、中村正直とスマイルズを何度も教えた。産業化に向けてスタートした東アジアの国では、市民社会の倫理の確立も大事だろうと思ったからである。天安門事件の直後で若者は外国から学ぶのに一生懸命だった。ミルの英文 By liberty, is meant protection against tyranny of the political rulers を「自由トハ、政治支配者ノ暴虐カラノ心身ノ安全保護ヲ意味スル」と訳したとき、電気のようなにかが教室を走った。それは錯覚ではない。放課後に大学院生が訪ねてきた。当時は外人専家を訪問する中国人学生は入口で一々チェックされたが、『自由之理』を借りて帰って行った。貧富の格差がまだ小さかったあのころの北京が懐かしい。中村の「自助論第一編序」を、私たちは大きな声で一緒に読んだ。

余是ノ書ヲ訳ス。客過ギテ問フ者有リ。曰ク、「子何ゾ兵書ヲ訳サザル」。余曰ク、「子兵強ケレバ則チ国頼ミテ以テ治安ト謂フカ。且ツ西国ノ強キハ兵ニ由ルト謂フカ。是レ大イニ然ラズ。夫レ西国ノ強ハ、人民篤ク天道ヲ信ジ、人民ニ自主ノ権有ルニ由ル。政寛、法公ナルニ由ル。」

（ひらかわ・すけひろ／東京大学名誉教授。著書に『天ハ自ラ助クルモノヲ助ク――中村正直と『西国立志編』』（名古屋大学出版会）他）

▲中村正直（1832-1891）
中村正直は下級の幕臣の子で、親友の勝海舟と似た生い立ちである。神童ははやく頭角をあらわし昌平黌の御儒者に抜擢される。中村は幕末日本の最高の学問的権威となった。だが志願して第一回幕府留学生の一員として1866年に渡英、民主主義を発見、産業革命後の西洋文明にカルチャー・ショックを受けた。68年、徳川幕府瓦解後、洋学者として帰国した。漢学者中村のこの変身こそ、文化史的な「転向」Japan's turn to the West で、我が国が明治維新をきっかけに、古代中国から近代西洋へと文明モデルを切り替えたことを意味する。

連載

今、世界は（第Ⅱ期最終）12

「アメリカ主義」の蔓延

小倉和夫

世界の政界・財界・官界の指導者を集めて世界経済の今後を議論する著名なフォーラムたるダボス会議において発表された、あるシンクタンクの調査結果によると、世界人口の一パーセントに当たる富裕層の人々の持つ資産総額は、残りの九九パーセントの人々の持つ資産総額に等しい。また世界の上から数えた富豪六二名の持つ資産は、世界人口の半分（貧しい順に下から数えた世界人口の半分）と同じだという。

いわゆる新興国のみならず、アメリカ、欧州、日本などでも、ほぼ例外なくここ二〇年ほどの間で、貧富の格差は拡大している。

世界的自由化と国際化による競争の激化という波のなかで、弱肉強食が進むことは、不可避のように見える。これが、社会的不満の爆発に至らないためには、経済全体が成長し、貧しい者も、昨日よりは今日、今日よりは明日が少しは豊かになっていることが一つの処方箋だ。中国を始めとする新興国では、そうした成長戦略が、社会的安全弁の一つとなろう。

成熟した国では、そう高い成長はのぞめない。したがって、貧富の差の拡大が政治的爆発に至らないためには、豊かな層の構成の変化、すなわち、社会的流動性が存在することが必要となる。いわゆるアメリカンドリームは、まさにそうした社会的安全弁の一つであった。

ところが、教育機会の均等が失われつつあることもあって、アメリカ社会の流動性は昔と比べて低下している。排外主義などを熱っぽく唱えるポピュリスト的なティーパーティーが米国で台頭し、一種の社会的はけ口となっているのもその結果といえる。日本においては、政治不信と制度不信の広がりというシラケ現象につながっている。

格差拡大現象の根底には、富と快楽の追求を是とする現代社会の風潮、ある種の「アメリカ主義」がある。世界中がアメリカ病にかかりつつあるともいえる。いまや、清貧と禁欲を尊ぶ風潮を醸す薬も必要ではなかろうか。

（おぐら・かずお／前国際交流基金理事長）

〈連載〉生きているを見つめ、生きるを考える ⑫

海の棲みやすさを選んだ肺魚

中村桂子

研究館の展示空間にいる生きものとしてナナフシを紹介したが、実はもう一ついる。ナナフシに劣らぬ人気者で、紹介しなければ叱られそうだ。肺魚である。

その名の通り、魚なのに肺を持ち、普段は水槽の底でゆったりしているが、時々水面に鼻を出し空気を吸う。このパフォーマンスに出会えた日は、なんだか得をしたような気になる。他の魚と違い、鼻が私たちと同じように口とつながっており、吸った空気を肺に送っているのである。

魚には軟骨魚類（サメなど）と硬骨魚類があり、後者は条鰭類と肉鰭類に分かれる。食卓にのる魚たちは主として条鰭類、ひれのつけ根に小さな骨があり、そこからスジがのびている。肉鰭類は、ひれの骨のまわりに筋肉があって厚い。この仲間が上陸し、ひれが足になったのである。その中で海に残ったのがシーラカンスと肺魚、「生きた化石」と言われるが、四億年もの間変わることなく生きてきたことは海の棲みやすさを示しており、よい選択をしたとも言える。

研究館にいるのは南アメリカ産（えんぴっ君）、オーストラリア産（アボガド君）の二種だが、この他、アフリカに四種いる。

近年のＤＮＡ解析により、四足動物に最も近い魚類はシーラカンスではなく肺魚とわかった。最近になって、このひれが足に変化していった過程を示す化石が次々と発見されている。まず、三・七五億年前のティクターリク。立てるのではないかと思われるほどしっかりしたひれと扁平な顔を持ち、まさに両生類と魚類の中間を思わせる。次いで、三・六億年前にいた四本の足と尾びれをもち、顔も扁平のアカンソステガは、時期から見て上陸寸前である。

これらのひれの中を見ると面白い。肺魚にはすでに、根元に上腕骨があり、その先が枝分かれしている。アカンソステガになると、分かれた先は完全に指になっており、しかも八本ある。その後の進化で私たちの指は五本になったのだが、八本のままだったらピアノはもっと簡単に弾けたろうとか、十進法はどうなっていたろうと想像すると楽しい。

（なかむら・けいこ／ＪＴ生命誌研究館館長）

連載 ちょっとひと休み 36

最終回

■本と私 9

至福の読書

山崎陽子

乗り物で遠方へ行かなければならないとき、行き先がどこであれ、目的が何であれ、胸のすみに抑えがたいときめきを感じる。(乗車時間が長ければ、それだけ本が読める!) 何ともいじましい考えだが、新米の嫁であった五十余年来の後遺症である。大家族の四人兄弟の長男の嫁は、初めての娘として歓迎され、夫の両親に、夫以上に(?)愛されることになった。

嫁ぐ日の朝、父は言った。「二十四年もの間、沢山の人に愛されてきたのだから、今度は、その愛を、新しい家族や周囲の人たちにお返ししなければいけないよ」

結婚式の二カ月前まで、宝塚で多くの人たちの献身的な愛に支えられ、尽くされてきた身には、尽くす側になることに不安はなく、思いのほか容易いことであった。

しかし、多忙な息子に代わり、嫁との時間を最優先させ、早く嫁ぎ先になじむよう、常に寄り添う面倒見のよい舅姑だったから、感謝一杯ではあったが、自分だけの時間がない。何よりも欲しかったのは読書する時間だった。

皆が共に行動することの多い賑やかな一族の中で、ひとり読書するなど、嫁としては異端にすぎるのではないかと気づいたら、今まで空気のようだった読書が、何ともうしろめたい行為に思えてきたのである。そこで冒頭の「車中の読書」である。用事を言いつかれば、いそいそとバッグに本をしのばせた。夢中で読みふけって何度下車駅を乗り過ごしたことか。

後年、夫が長い闘病生活を余儀なくされたとき、はじめて知った。仕事が多忙を極めていた頃、夫は自宅で本を開くことなど殆どなかったのだが、若い時から夢見ていたのが〝音楽を聴きながら読書〟という時間だったのだと。夫に頼まれた本を買いに行き、病床の夫に寄り添いながら、共に読み、感想を語り合った日々の幸せ。その中の短編を私は脚色し上演して、文化庁芸術祭で大賞を受賞した。それは、夫が、胃癌の大手術を終えたところで、受賞の報せは、病室に届いた。その日の夫の笑顔は、今も鮮やかである。

「本と私」の最も幸せな思い出である。

(やまざき・ようこ/童話作家)

連載　女性雑誌を読む　95

中田信子
——『女の世界』49

尾形明子

一九二二（大正十）年二月『女の世界』七巻二号に中田信子の詩「女（をんな）らしい女」が掲載された。

「無理な事でも我慢して／言ひたい事もだまつてゐて／喰べたいものも欲しいものも／その他いろんな欲望も／ぢつと忍んで我慢して／鼠の様に子を生んで／男の言ふ事をなんでもきゝ／姑小姑におとなしく／生きてゐるのか死んでゐるのか／わからない様にしてゐれば／女らしいほんとうの／いゝ嫁さんだと言はれるが／私はいゝ嫁さんにもなりたくない／女らしい女でなくともいゝ／そんな馬鹿げたしひたげは／魂のある私には／死んでも出来ない事なのだ」

作者は十九歳の詩人。『日本近代文学大事典』によれば一九〇二年一二月山形に生まれる。小田原の幼稚園に勤め、報知新聞記者の中田豊と結婚。上京し正富汪洋に師事する。『女の世界』には「私は歌ふ」（六巻九号）「太陽の織布」（同一一号）の二編の詩を発表している。

七巻六号の「新刊紹介」欄に、はじめての詩集『處女の掠奪者』（新進詩人社）が取り上げられた。

「金色蛇が卵からかへつて／悩ましい世界に生れ出た／さうして誰からも習はぬうちに／生殖をおぼえて／異性をもとめてのたくり廻る（略）」（「夏の草原より」）「ふくれ上つた大地に／脂肪の多い海に／健康に燃ゆる二人の肉体に／歓喜は翼を広げ跳ね上がる（略）」（「歓喜の生るゝ處」）等々、一〇〇余編の詩には女たちを縛る結婚生活・家への反抗とともに、奔放で豊かな性愛の歓喜、肉体の賛美があふれる。その後も天照大御神を初め歴史上の女性を歌った『女神七柱』（大正十五）を出版した。一九二八年七月『女人芸術』創刊号には、深尾須磨子と並んで詩「父病む」を載せた。父への思いが流れるが、青春の燃え盛る魅力も反抗も遠い。

大正という時代、都会的な退廃の美とは異なる健康な性愛と肉体への賛歌もまた生れた。が、大震災を経て昭和へと続く中で、青春賛歌は封じられ、退廃の美だけが隠花植物のように生き延びたことを思う。『女の世界』の読者のどれだけが、この「女らしい女」の詩に共感したのだろうか。

（おがた・あきこ／近代日本文学研究家）

Le Monde

■連載・『ル・モンド』紙から世界を読む　156　最終回

国連と二一世紀の戦争

加藤晴久

国連の潘基文事務総長の任期は今年末まで。後任が年内に決まる。不可欠な機構改革、喫緊の安全保障行動をリードできる人物を選べるのか。一月一九日付『ル・モンド』が「国連と二一世紀の戦争」と題する四ページの特集を組んでいる。

一九四五年に創設された国連の第一の目的は平和と安全であり、それを担当する機関が安全保障理事会である。しかし冷戦下では、拒否権をもつ常任理事国が、米・英・仏とソ・中の二グループに分かれて激しく対立していたために十分に機能せず、アフリカや中東、バルカン半島の紛争地域における平和維持活動［Peacekeeping operations＝ＰＫＯ］に限られていた。現在、約一二万人の要員が一六の国・地域で活動している。反乱軍やイスラム過激派勢力と戦闘を行っている場合もあれば、停戦監視や民間人保護にあたっている場合もある。

「青い兜」［blue helmets/casques bleus］と呼ばれるＰＫＯ部隊は、事変のたびに国連の要請に応じて加盟国、それも主としてインドやパキスタン、エチオピア、ガーナ、チャドなど貧困な国が提供する兵士からなる部隊であるので、装備、武器は貧弱、十分に訓練されていないため、任務を果たし得ていない場合が少なくない。

冷戦終結後は安保理の機能麻痺は解消した。しかし、国連は、二一世紀型の危機に対処しえていない。ウクライナ紛争、シリア内戦とイスラム国組織［ＩＳ］の勢力拡大、それに伴う難民の大量発生、国境なきテロ事件の頻発に対していかなる関与もしていない。いま国連に課せられているのは、平和維持活動でなく、平和構築活動［Peacebuilding operations］であり、真の意味での集団安全保障を実行しうるような抑止力を備えた国連軍の建設である。

一九三の加盟国のなかでも、日本は第三の経済大国。多大な分担金も拠出している。安保理の常任理事国になり、世界の平和と安全に積極的に寄与することが求められている。ＳＥＡＬＤｓのメンバーも含めて、日本の若者たちが正面からリアルに取り組んでいかなくてはならない課題である、と考えるのだが。

（かとう・はるひさ／東京大学名誉教授）

■〈連載〉沖縄からの声　9

立法・司法・行政の自主性の確立

川満信一

民衆の自発的抵抗が、法廷闘争に持ち込まれたとき、大方は尻すぼみになって雲の上に消えていく、というのがこれまでの経験である。辺野古の新基地造成をめぐる闘争も、沖縄県と国家との司法闘争の土俵に移され、新聞にはやたら法律用語が乱舞するようになった。いまのところ現場闘争と司法闘争が連携しているが、司法闘争に軸足が移っていくと、また民衆の思いは的をはずされてしまう。

沖縄戦と米軍支配下の体験を元に、反基地闘争を持続しようと「一坪反戦」の運動が組織された。それがあれやこれやで法廷闘争に移され、いまでは組織名だけが残されている。五兆円のお手盛り予算で増強した日本軍は、民衆の反対など尻目に防衛という名の戦争挑発に余念がない。明治のころ、『南嶋探験』を書いた笹森儀助は「国ヲ守ルト家ヲ守ルトモト一理ナリ、人ノ家宅ヲ占ムルヤ周囲必ズ垣ヲ結ビ、表裏必ズ門戸ヲ作リ、門戸必ズ菅鑰ヲ施シ、以テ盗賊ノ入ルヲ防ギ、以テ家族ノ安寧ヲ保ツ……」として南境の沖縄を移民地とし、軍備を配置せよと進言している。笹森が軍備配置を進言しているところが八重山である。

中国仮想敵視の理屈を追い風に、自衛隊は宮古・八重山に前線基地の造営計画を進めているが、八重山石垣の開南、於茂登、嵩田の候補地区は反対決議をしている。また、与那国町では町民が沿岸監視部隊配備計画に対し「憲法の人権、生存権」保障に反すると建設差し止めの訴訟を起こしたが、那覇地裁は却下した。理由は「工事の続行が平和的生存権を侵害するとは認められない」というもの。

沖縄戦の体験を基礎にした「生存の不安」という心理が全く配慮されていない。司法自体が政権の支配下で独立性を失っているためであろう。立法と司法、行政の三機関の自主性を確立するためには、現在の選挙、内閣構成、党派組織など国家の基本制度の見直しが求められている。このような国家制度のもとで、政権に絡む司法闘争をすることは、相手の土俵で相撲をとるようなものである。必要以上のエネルギーと手間暇を費やすことになる。

（二〇一六年一月一〇日）

（かわみつ・しんいち／詩人）

二月新刊

近代前夜、なぜ海賊は現れたか

清朝史叢書　監修・岡田英弘
海賊からみた清朝
十八～十九世紀の南シナ海
豊岡康史

アヘン戦争前夜、シナ海域に横行していた〝海賊〟たち。その活動と清朝の対策を手がかりに、反乱や人口増加で衰亡に向かうと言われる嘉慶帝時代の貿易、財政、軍事などの内政や国際関係から、当時の清朝の実像に迫る意欲作！

四六上製　四〇八頁　四六〇〇円

図版多数

戦前・戦後の台湾精神史

台湾と日本のはざまを生きて
世界人、羅福全の回想
羅福全＝著　陳柔縉＝編著
小金丸貴志＝訳　渡辺利夫＝序

日本統治下の台湾に生まれ、幼少期を日本で過ごした後、台湾独立運動に参加。国連職員としてアジア各国の地域開発や経済協力に関わり、陳水扁政権下では駐日代表を務める。世界を舞台に活躍しながら、台湾の自由と民主を求め続けた世界人の半生を初めて明かす。

四六上製　三五二頁　三六〇〇円

カラー口絵16頁

現代社会を洞察！

岡田英弘著作集（全8巻）
7 歴史家のまなざし
〈附〉年譜／全著作一覧

家族論、女性論、日本人論など、世界史をふまえた骨太の随筆や、世界情勢をめぐる時事評論、恩師ほかの世界の学者評伝、そしてニュージーランド旅行記、書評などを集成。

口絵2頁

月報＝楊海英／志茂碩敏／斎藤純男／タチアーナ・パン

四六上製布クロス装　五九二頁　六八〇〇円　［第7回配本］

二月の重版より

- 〈バルザック「人間喜劇」セレクション〉9 **娼婦の栄光と悲惨（下）**　［3刷］三三〇〇円
- **トッド 自身を語る**　E・トッド　石崎晴己編訳　［2刷］二二〇〇円
- **まなざし**　鶴見俊輔　［2刷］二六〇〇円
- **地中海**〈普及版〉　F・ブローデル　浜名優美訳
  - Ⅰ 環境の役割　［4刷］三八〇〇円
  - Ⅱ 集団の運命と全体の動き 1　［4刷］三八〇〇円
  - Ⅴ 出来事、政治、人間 2　［4刷］三八〇〇円
- **モンゴル帝国から大清帝国へ**　岡田英弘　［2刷］八四〇〇円
- 別冊『環』⑯ **清朝とは何か**　岡田英弘編　［3刷］三八〇〇円

読者の声

まなざし■

▼今年〔二〇一五年〕七月に鶴見俊輔さんが亡くなられ残念です。憲法九条を守る会などで尽力されていた方なので、本当に残念です。

本日十二月三日の『毎日新聞』に広告があり、鶴見俊輔『まなざし』が出版されたとのこと、ぜひ読みたいと思いペンをとりました。

貴社発行の『後藤新平の「仕事」』は釜石市立図書館にあります。以前は一階の書棚にありましたが、現在は二階に移され、読みたい時は、断り監視付きでした。

（岩手　主婦　笹村京子　69歳）

トッド　自身を語る■

▼ようやくエマニュエル・トッドさんのご本を買うことになりました。来日した時も行けず、今日までなりましたが、ゆっくり読むことも大切と思います。いろいろ読みたい本や、講演会など、お知らせ頂き、本当に感謝しています。東京は遠いです。でも必ず行きます。

（北海道　秋元博子）

「フランスかぶれ」の誕生■

▼とても面白かったです。

1　鉄幹は事業家として非常にしたたか。晶子はパンダ!?

2　河上肇はドビュッシーのライブを聴いて、よく耽美派にならなかったもの。

3　大杉栄のパリ、堀口大學の高等遊民的故郷喪失性は初耳でした。

4　川端『雪国』の主人公は「フランスかぶれ」の一例？

山田先生の西条八十分析も面白く、この手法で、目下の米大統領選トランプ独走現象を料理していただきたいです。専門家は困惑だが、何かあるはず。

（千葉　元・大学教授（社会学）　高山眞知子　75歳）

古代の日本と東アジアの新研究■

▼上田正昭氏『古代の日本と東アジアの新研究』拝読いたしました。『私の日本古代史（上・下）』と共にゆっくりと丁寧に読み、くり返しております。現代につながる東アジアの親交・争いのくり返しを体感できるように読めます。愚妻は台湾生まれ（一九四〇年）、五二年まで台湾で育ち帰国しましたが、今におき、台湾的な跡を残しています。二人でしばしば台湾・中国本土に出かけますが、もっと往来自由（意見の往来も含め）が必要と感じます。

（東京　長坂勇二）

米軍医が見た占領下京都の六〇〇日■

▼二至村菁さんの力作です。見事なノンフィクションの作品です。

戦後の生活の厳しさ、大変さがわかります。大変な時代だったと思います。生きることが、大変な時代だったと思います。

（東京　会社員　萩原晃　58歳）

▼我々日本人民庶の知らない日本、日本の歴史に見えて来なかった日本が見えてとてもよかった。それも、時には通訳として、時には歴史家として、時にはルポライターとして、時には自伝の一部としての記録で読み応えがあった。Thank you.

（北海道　松本秀男　76歳）

女が女になること■

▼今までは助産師として三砂さんの本を愛読してきました。が、この本には助産師としてというだけでなく、女性として、人間として、これまでを振り返り、これからをどう展望していけばよいのかを突きつけられました。私の中に答えは未だみつかっていません。が、還暦を目前と

するこの歳になって、日々生まれくる赤ちゃんたちに「どうするの、この社会?」と問われている気がします。この本を手がかりに、仲間と語り合える場が創れるとよいなと思っています。

（北海道　開業助産師　**高槻友子**　58歳）

地域からつくる■

▼東北地方について知らない私にとって震災後この地方に興味があったので、又、内発的発展論にも興味があり、一度読んでみたいと思った。

赤坂憲雄氏と鶴見和子氏との対談も読みやすく、講演を聞いている気持になった。すばらしい本である。自然と人間との関係を大切にした考えを学習したいと思います。

（大阪　建築設計監理　**岡﨑善久**　67歳）

骨のうたう■

▼竹内浩三のことは以前から気になっていて、少しずつ読んだり、放送で見たりしていましたが、この書は一番まとまっていて、又とても判りやすいのは、大切なことだと思いました。いい本であると思いましたね。『機』の内容が充実していてとてもいいですね！

（埼玉　**山内勝由**　78歳）

▼私が竹内浩三を知ったのは、今から一五、六年ほど前です。ある雑誌の「五月のように」でした。戦没学徒でスゴイ詩を残した学生、と記憶しています。今回、小林察先生の『骨のうたう』で竹内浩三の全体像が判りました。

「きけわだつみのこえ」と同じ色調でありながら、竹内浩三の詩には芸術性が有ります。戦後七〇年の節目の年に好適の書と云えます。竹内浩三の出生地の伊勢市吹上は、私の馴染みの土地で、奇しき縁を感じてなりません。

（京都　**中村久仁子**　59歳）

南方熊楠の謎■

▼南方熊楠は何と偉大な人類学者であったことでしょう。それを研究した鶴見和子もまた型破りの人生を送った社会学者に違いありません。ぼくにはまだ曼荼羅の意味がわかりません。この本は哲学本みたいで、大変むつかしいです。鶴見和子の死を恐れない態度には、全く頭が下りました。「死ぬということは面白い体験ね。驚いた！」という、死ぬ前にこう叫ぶ人が、他にいるでしょうか。全く波乱万丈としかいえません。

ぼくもこんな人生を送りたいです。

（熊本　**永村幸義**）

石牟礼道子全句集　**泣きながら原■**

▼この本はいつか読もうと思いながら、雑事に追われて注文するのが一日のばしになっていました。

二〇一五年十一月『機』の「読者の声」を読んで、はっとして、すぐ購入しました。黒田さんの解説の文章の中に「私は『椿の海の記』と『食べごしらえ　おままごと』を俳句を作る若い人たちにすすめています。」とあります。

私は俳句は作れませんが、四〇年近く前『椿の海の記』を読んだ時、こんなに美しい文学の世界は他にないと思いました。それを思い出し、うれしくてなりません。一日の終わりに石牟礼道子さんの俳句を読んで生きてゆく力にしようと思っています。

（愛知　**岡本一子**　71歳）

見えないものを見る力■

▼データや科学分析にあらわれないものは見えない。見えにくい。見えないものを、身体を使って、見る努力をせよ、と宮脇氏は説く。科学だけでは、分からないことが、まだまだある。七〇年、植生を研究、実践してきた宮脇氏が言うと、説得力がある。

ビッグデータや科学技術の発展著しい今こそ、肝に銘じなければならない言葉だ。細部ではなく全体を見、そして「何のためか」をいつも問う。答えは、かけがえのない命と、それを支える"生きた材料"を育むためだ。二十一世紀の社会学を構築するための大前提を、宮脇氏の著作が、一筋の光のように、示しているように思える。

本物の社会学者、宮脇昭氏の集大成ともいえる本書に出会えてよかった。

（大阪　**志賀和則**　34歳）

※みなさまのご感想・お便りをお待ちしています。お気軽に小社「読者の声」係まで、お送り下さい。掲載の方には粗品を進呈いたします。

書評日誌（一二・三～二・九）

(書) 書評　(紹) 紹介　(記) 関連記事
(テ) 紹介、インタビュー

三・三　(紹)産経新聞（大阪本社）「古代の日本と東アジアの新研究」（「文化」／「古代史学者 上田正昭さん」／「天皇制とは何か…研究70年の集大成刊行」）

三月号　(紹)古代文化（第67巻第3号）「「古代学」とは何か」

一・六～九　(記)熊本日日新聞［石牟礼道子］（「文化」／「石牟礼道子さん 未発表作品『不知火』」）

一・八　(紹)両丹日日新聞「米軍医が見た占領下京都の六〇〇日」（「占領軍政耐える府民の姿」／「藤原書店 米軍医軸に描いた本発行」）

一・一一　(紹)公明新聞「龍馬の遺言」

一・一三　(記)日本経済新聞［岡田英弘］（「春秋」）

一・一三　(書)京都新聞「米軍医が見た占領下京都の六〇〇日」（「京の研究者・二至村菁さん」／「明るく躍動的 占領下、京の実像に迫る」／「米軍医撮影の貴重カラー写真公開」／「子どもら庶民の姿 生き生きと」／二松啓紀）

一・二〇　(記)岐阜新聞「ふたりごころ」（「文化」／「岐阜市の篠田治美さん『ふたりごころ』出版」／「母娘で見据えた生と死」／「絶筆『ありがとう』 心と形しるした書家・篠田瀞花さん」／林進一）

一・二一　(紹)日本経済新聞（夕刊）「「フランスかぶれ」の誕生」（「目利きが選ぶ3冊」／井上章一）

一・二三　(紹)東洋経済日報「古代の日本と東アジアの新研究」

一・二三　(書)聖教新聞「トッド 自身を語る」（「日本人と共感する世界的論客」）

一・二四　(紹)朝日新聞「佐野碩―人と仕事」（「佐野碩の業績をたどる」）

一・三一　(紹)日本経済新聞「近代日中関係の旋回」

(紹)日本経済新聞「トッド 自身を語る」（「活字の海で」／「震災からの復興」／「社会科学の視点で検証」／前田裕之）

一月号　(紹)東方（四一九号）「現代中国のリベラリズム思潮」

二・七　(書)朝日新聞「まなざし」（「日本語の思想性 次代に問い続け」／保阪正康）

二・八　(記)毎日新聞（夕刊）「華やかな孤独 作家 林芙美子」（「文化」／「染みついた思想からの脱却」／「林芙美子と戦陣訓」／尾形明子）

二・九　(書)週刊エコノミスト「中世と貨幣」（「歴史書の棚」／「恐怖と魅力の間で揺れた中世欧州人の貨幣観」／本村凌二）

二月号　(紹)看護教育（vol.57 No.2）「米軍医が見た占領下京都の六〇〇日」

(記)婦人之友［石牟礼道子］（「対談 石牟礼道子 藤原辰史」／「いのち交わる道へ」）

四月新刊 ＊タイトルは仮題

大正を問うことは昭和の読み直しを促す!

大正とは何であったか

子安宣邦

「大正を問い始めた私は、やがて大正が創り出した、全体主義的昭和という時代の中に自分は生み落とされたのではないかと考えるようになった」。

昭和に思想史的問いを向け続けてきた著者が、忘却されてきた大正に眼を向け、大逆事件から大正を問い直す。

現代詩の光跡の彼方を生きる詩人

心に刺青をするように

吉増剛造

写真多数

〝声〟とは何か。『機』誌二〇〇一年二月〜〇八年一月、「triple ∞ vision」として写真とともに掲載された詩連載が、満を持して単行本化。詩の見えない〝枠〟を破り、乗り越ええた現代日本唯一の詩人が全身で写しとった〝声〟の数々。

「すっかり整いすぎてしまっている日本語への不足感が、吉増剛造には何か怨念のようにある」。（金時鐘）

建築に木を使い、日本の山を生かす!

別冊『環』㉑

ウッドファースト

上田篤 編

日本の山の死活は、日本人が木を使うかどうかにかかっている――集成材の進化により木の建築が新段階を迎える中、国土論に直結する「木」の活用をめぐって徹底的に論じる!

〈寄稿者〉網野禎昭／新井清一／池上惇／伊東豊雄／稲田達夫／井上章一／上田篤／上田昌弘／内山佳代子／榎本長治／岡本一真／尾島俊雄／海瀬亀太郎／加藤碩一／金澤成保／鎌田東二／川井秀一／河井敏明／木内修／北川原温／木村一義／隈研吾／腰原幹雄／坂茂／進士五十八／高松伸／竹山聖／田中淳夫／田中充子／玉井輝大／辻吉隆／内藤廣／中岡義介／中川理／中嶋健造／中西ひろむ／中牧弘允／中村桂子／中村良夫／鳴海邦碩／灰山彰好／長谷川香織／速水亨／久隆浩／平岡龍人／藤田伊織／増田寛也／山本理顕／渡辺真理

科学と詩学を架橋した免疫学者の全体像

「超(スーパー)システム」としての生命

多田富雄のコスモロジー

多田富雄ほか

国際的免疫学者として、エッセイスト、詩人として、また新作能作者として、芸術と人間性の核心を探った多田富雄。科学と芸術の統合を目指したその全体像を描く。

●〈多田富雄コレクション〉プレ企画●

食べることの基本を問い直す

津軽がふるさとでよかった

佐藤初女・朴才暎

人と人の心を結ぶ〝おむすび〟で知られる佐藤初女（一九二一〜二〇一六）。自然の恵みを活かした、手づからの料理にこめられた生涯とは？

写真多数

3月の新刊

タイトルは仮題、定価は予価。

〈清朝史叢書〉監修・岡田英弘
大清帝国隆盛期の実像 ＊
第四代康熙帝の手紙から *1661-1722*
岡田英弘
宮脇淳子・楠木賢道・杉山清彦編
四六上製 四七二頁 三八〇〇円

レンズとマイク ＊
永六輔・大石芳野
B6上製 二四八頁 一八〇〇円 写真八八点

黒い本
O・パムク 鈴木麻矢訳
四六変上製 五九二頁 三六〇〇円

ひとりヴァイオリンをめぐるフーガ ＊
T・パパヴラミ 山内由紀子訳
四六上製 三六八頁 四六〇〇円 カラー口絵一六頁 自演奏一〇曲QRコード入

4月刊予定

大正とは何であったか ＊
子安宣邦

心に刺青をするように ＊
吉増剛造

別冊『環』㉑
ウッドファースト ＊
上田篤編 伊東豊雄・井上章一・隈研吾他

好評既刊書

スーパー
「超システム」としての生命 ＊
多田富雄のコスモロジー
多田富雄ほか

津軽がふるさとでよかった ＊
佐藤初女・朴才暎

台湾と日本のはざまを生きて ＊
世界人、羅福全の回想
羅福全 著 陳柔縉 編著
小金丸貴志 訳 渡辺利夫 序
四六上製 三五二頁 三六〇〇円 カラー口絵一六頁

岡田英弘著作集（全8巻） 第七回配本
7 **歴史家のまなざし** [附]年譜・全著作一覧 ＊
月報＝楊海英／志茂碩敏／斎藤純男／タチアーナ・パン
四六上製布クロス製 五九二頁 六八〇〇円 口絵二頁

〈清朝史叢書〉監修・岡田英弘
海賊からみた清朝 ＊
十八〜十九世紀の南シナ海
豊岡康史
四六上製 四〇八頁 四六〇〇円 図版多数

これからの琉球はどうあるべきか
藤原書店編集部編
大田昌秀／安里英子／安里進／伊佐眞一／海勢頭豊／川満信一／我部政男／三木健
四六判 三四四頁 二八〇〇円

アルメニア人の歴史
古代から現代まで
G・ブルヌティアン
小牧昌平監訳 渡辺大作訳
A5上製 五二八頁 八八〇〇円 カラー口絵一六頁

患者学のすすめ〈新版〉
〝人間らしく生きる権利〟を回復する新しいリハビリテーション
上田敏・鶴見和子
A5変判 二四八頁 二四〇〇円

佐野碩―人と仕事 1905-1966
菅孝行編
A5上製 八〇〇頁 九五〇〇円 口絵八頁

中世と貨幣
歴史人類学的考察
J・ル＝ゴフ 井上櫻子訳
四六上製 三二八頁 三六〇〇円

ふたりごころ
生と死の同行二人
篠田治美
四六変上製 三二〇頁 一八〇〇円 カラー口絵八頁

珊瑚礁の思考
琉球弧から太平洋へ
喜山荘一
四六判 三二〇頁 三〇〇〇円

＊の商品は今号に紹介記事を掲載しております。併せてご覧戴ければ幸いです。

書店様へ

▼刊行直後より好評を博していた『**トッド 自身を語る**』。著者の来日もあり、補充ご注文続々！ 2／1(月)には「News23」で本人が出演。アメリカ、イスラム、ロシア、アラブなどにも言及！ 『朝日』や『読売』でも来日インタビュー記事が大きく掲載！ 既刊ロングセラーも合わせて、さらに大きくご展開ください。「世界の今を長期的な視座で読むために エマニュエル・トッド」フェアをぜひ！▼文化放送制作のラジオ『武田鉄矢 今朝の三枚おろし』で、1／18(月)から二週にわたり、三砂ちづるさんの大ファン？だった（知らなかったけど）武田鉄矢さんが、**三砂ちづる**さんの近刊『**女が女になること**』を自分の人生にひきつけながら本書を朗読して面白く紹介してくれた。大きな反響出ています！ 在庫ご確認ください。▼昨暮に刊行した**J・ル＝ゴフ**『**中世と貨幣**』を『週刊エコノミスト』で本村凌二氏が、『週刊文春』でも鹿島茂氏が絶賛紹介。大反響。同時期に刊行した『**佐野碩**』や一月刊行の『**アルメニア人の歴史**』も静かに反響。 （**営業部**）

出版随想

▼東日本大震災から五年が経った。昨年は、被災地東北を訪ねる機会を逸してしまった。いつも心中ではどう変容してきているかなと思いつつ、東北からの来訪者や東北への旅人から聴くだけであった。勿論映像を通しては観ることはあったが。今年は時間をかけて、一週間位被災地を訪ねてみたいと思っている。

▼先日、原発事故直後から毎月福島の飯舘をはじめとした各地域に入って除染作業をやりながら、あの原発事故の原因はどこにあったのかを調査して来られた山田國廣氏から直接お話を聴く機会を得た。山田氏の見解では、この事故は、政府・東電が主張する津波が原因ではなく、まず地震に因ることがわかった、と。想定外の大津波ではなく、大地震が原因だとすると、再稼働を始めていいものか？という疑念が沸く。なぜなら、わが国はいわずと知れた地震大国。地震のない年はない位、毎年のように地震はどこかで起きている。しかも、五十基以上ある原発はどんどん老朽化の度を増している。そんな国が、よく今回の事故の原因も調査しないで再稼働に踏み切っていいものか。

▼まだほのあかりにすぎないが、大転換の胎動を感じる。快適さや便利さを求める文明社会が終わりを告げ、来るべき新たな社会が創生されつつある。無機質に乱立する巨大ビル群がガラガラと音を立てて壊れてゆく。貨幣という便利なモノを生み出してはきたが、今や殆んどの人間は、この貨幣の奴隷と化してしまった。主客転倒。歴史上の賢人が警告を発していたにもかかわらず。これまでのすべての価値や常識を、全面的に問い直す時がやってきた。(亮)